登場人物紹介

会社

キャサリン
愛称はケイト。イギリス出身の女性で翔太と同じ会社で働く。翔太とはラブラブで、今回ついに婚約に至る!?

山口君
大阪出身の翔太の同僚。おいしいたこ焼き屋を求めて引っ越しを繰り返すかなりのたこ焼きマニア。

島田君
翔太の後輩。おとぼけな性格で、なんでもデコるクセをもつ。怪奇生物ハンターという一面も…?

山田家

翔太
英語を猛勉強中のサラリーマン。面倒見がよく、みんなから好かれている。ケイトとは相思相愛。

父
仕事で世界を駆け回っている。今回はポーランドから帰国。見た目はマッチョだが、趣味は囲碁。

マイケル
通称・マイク。翔太の家にホームステイしている。出身はアメリカだが、なぜか超がつく忍者好き。

葵
翔太の妹。最近ヨガにはまっている。また絵画の趣味もあり、絵画展入賞の快挙を成し遂げる!

家族

チャーリー
マイクの弟。チーズが大好物。夏休みを利用して家族と来日。翔太の父に囲碁の特訓を受ける。

大学

もくじ

本書の使い方 ……………………………… 8

時制&仮定法のビジュアル図解 …… 10

PART 1 まずはいろいろ見てみよう！時制ピックアップ　17〜37

レッスン1	時制の変化は動詞の変化！	18
レッスン2	「いつも」なの？「今」なの？	20
レッスン3	時制が変わればニュアンスも変わる！	22
レッスン4	時制で変わる話し手の気持ち	24
レッスン5	主語がyouならどう変わる？	26
レッスン6	That'sから始まる定番フレーズ！	28
レッスン7	シチュエーションでニュアンスが変わる未来形	30
レッスン8	多様な意味と役割をもつhave	32
レッスン9	このcouldは過去形？ 仮定法？	34
レッスン10	事実を伝える過去形、完了を伝える完了形	36

ネイティブはこう使う！
マンガでわかる
時制・仮定法

デイビッド・セイン

西東社

はじめに

　英語を学ぶ道には、乗り越えなければならない壁がいくつかあります。本シリーズでも取り上げてきた「前置詞」や「冠詞」と同じくらい、日本人にとって壁となるのが「時制」でしょう。

　というのも、日本語には「時制」という概念があまりなく、厳しいルールはありません。なぜなら日本語は、文末に「時」を表す語（句）をつけたり動詞を変化させたりすることで、時制の違いを表すことができるからです。ところが英語には、「時制」のルールがしっかりとあります。この違いが、多くの英語学習者を悩ませるのではないでしょうか。

　ただ実際、ネイティブ、特にアメリカ人はこのルールにすべて縛られることはありません。日本人が学校教育で習っても、ネイティブはあまり使わない「時制」もあります。

　また本書を手に取ったあなたは、「仮定法」で頭を痛めているかもしれません。本書でルールを知るのと、このまま知らずにいるのとでは、大きな差が出ます。

　いずれにせよ、基本を知っておけば困ることはありません。あいかわらず賑やかな翔太やマイクたちとともに、楽しみながら「時制」と「仮定法」に触れていただければ幸いです。

　Don't give up and you can do anything!
　（諦めなければ何でもできる！）

デイビッド・セイン

PART 2 身につけたい！基本の時制　39〜95

レッスン 1	「している」＝進行形とは限らない!?	40
レッスン 2	進行形になると形容詞は深い意味をもつ	44
レッスン 3	進行形で表す「今」と「最近」	48
レッスン 4	状態動詞と進行形の関係とは	52
レッスン 5	意図によって時制を変えよう	56
レッスン 6	過去形と現在完了形で表す「過去」ってどう違うの？	60
レッスン 7	過去形で表す「現在」の気持ち	64
レッスン 8	特定の未来を表す未来形と習慣を表す現在形	68
レッスン 9	とっさのwillと決めていたbe going to	72
レッスン 10	今の状態を伝える現在進行形、終わった動作を伝える過去形	76
レッスン 11	とっさのwillと意志あるbe going to	80
レッスン 12	現在進行形は未来形より近い未来を表す	84
レッスン 13	継続的な過去進行形とピンポイントの過去形	88
レッスン 14	Will you〜?は強い依頼か打診か	92

PART 3　使いこなしたい！上級の時制　　　97〜153

レッスン1	過去について考えるときは起点が必須！	98
レッスン2	「過去の予定」は実現したか、しなかったか	102
レッスン3	「いつまで続くのか」を基準に未来形を考える	106
レッスン4	「経験」「継続」「完了」の判断はキーワードから！	110
レッスン5	完了形の微妙なニュアンスを副詞で伝える	114
レッスン6	現地点で完了したこと、しかかっていること	118
レッスン7	完了形には「結果」の要素も含まれる	122
レッスン8	「今」を表す現在進行形、「継続」を表す現在完了進行形	126
レッスン9	その動作は完了したのか、継続しているのか	130
レッスン10	未来の状態によって時制が決まる！	134
レッスン11	動作の継続はどこまで続く？	138
レッスン12	状態動詞なら完了形、動作動詞なら完了進行形	142
レッスン13	「時制を一致させる」ってどういうこと？	146
レッスン14	過去より前の時点を表す「大過去」	150

PART 4 願望を伝える！仮定法　155〜203

レッスン1	ifがついたら必ず仮定法…とは限らない？	156
レッスン2	仮定法で願望も表現できる！	160
レッスン3	It's time〜に含まれる思いとは？	164
レッスン4	仮定法過去完了には感情がこもる！	168
レッスン5	特定の動詞が仮定法現在を導く！	172
レッスン6	特定の形容詞が仮定法現在を導く！	176
レッスン7	evenやshouldはより強く気持ちが伝わるマジックワード	180
レッスン8	ifがなくても仮定法！	184
レッスン9	as ifで伝えることは事実と反する	188
レッスン10	実現しにくい願いを仮定法で伝える！	192
レッスン11	仮定法を見分けるヒントとは？	196
レッスン12	仮定法で表す慣用表現をおさえよう！	200

映画に登場する時制	38
日常会話に登場する時制	96
ビジネスに登場する時制	154
名言で知る仮定法	204
動詞・助動詞から引ける索引	205

本書の使い方

本書は、ネイティブがどんな感覚で時制の使い分けや仮定法を使うのか、マンガを読みながら楽しく学べるように構成しています。

比較する2つの時制とテーマを確認!

最初に、このレッスンで解説する時制とその概要について紹介します。

マンガで使い方を学ぶ!

マンガを読んで、実際の使い方の事例を学びましょう。

ニュアンスの違いをマスター!

「時制を理解しよう!」「仮定法を理解しよう!」では、ニュアンスの微妙な違いや応用例をネイティブの視点から紹介します。

時制を理解しよう!

I live in Kichijoji. 現在形

私は吉祥寺に住んでいます。

現在形は過去から現在を経て未来にまで広がった範囲（時間）を指します。この例文のliveは、過去から現在に至るまで継続して話し手がその場所に住んでおり、今後もずっと住む予定であると考えられます。つまり**現在形**は単純に「吉祥寺に住む」ではなく、「住んでいる」という継続中の状態を表しているのです。

I'm living in Kichijoji. 現在進行形

私は（現在）吉祥寺に住んでいます。

理解を深めよう！

(not) eat meat
を別の時制で比べてみよう

現在形 **She doesn't eat meat.**
彼女は肉を食べません。

現在進行形 **She's not eating meat.**
彼女は最近肉を食べていません。

現在完了形 **She has never eaten meat.**
彼女は肉を食べたことがありません。

現在形は人や物の性質・習慣・状態などを表すので❶She doesn't eat... では彼女が普段から「肉を食べない習慣」の持ち主であることがわかります。

❷She's not eating... に現在進行形になると「今現在の時点で肉を食べていない」ということも考えられますが、現在進行形のもうひとつの性質の「最近」を表していると考えるほうが自然でしょう。つまり「このところ肉を食べていない」状態が継続していると考えられます。

現在完了形の❸She has never eaten meat. は「経験」を表し、彼女がこれまでnever「決して」肉を食べていないことがわかります。つまりa vegetarian「菜食主義者」かa vegan「絶対菜食主義者」なのかもしれません。ちなみにa veganとは肉だけでなく卵や乳製品なども食べず、動物を殺さないという観点から毛皮のコートや革製品も使わないという人たちのことです。

もっと理解を深めよう！

PART 2・3では、同じ動詞をさまざまな時制で比較することで理解を深めます。PART 4では、仮定法についてより深く掘り下げます。

ビジュアル図解でもっとわかる！

文例のイメージをビジュアル化しました。一目でイメージがつかめるはず！

習慣
❶ doesn't eat

❸ has never eaten

❷ is not eating

過去　　　　　現在

楽しく学ぶワンポイントレッスン

ミニコラムで応用力をサポート。PART 4では「使える！ネイティブ表現」で定番フレーズを学べます。

さまざまなクイズを解いて、その項目で学んだことをおさらいしましょう。

日常で使える便利なフレーズをご紹介。使いこなせば気分はネイティブ!?

微妙な時制の違いによって起こるニュアンスの違いを紹介します。

これは○それとも×？

I'm knowing about this problem.
私はこの問題について知っています。

「私はこの問題について知っている」と言う場合、現在進行形を使いたくなります。でもknowは「知っている」という状態を表す動詞です。現在進行形は動作を表す動作動詞しか使いません。それを言うなら I know about this problem.

［答え］ ×

時制&仮定法の ビジュアル図解

ここでは本書で扱う時制をビジュアル的にわかりやすくするため、図解を用いて紹介します。それぞれの時制の微妙なニュアンスの違いを理解しましょう。

そもそも時制ってなに？

「時制」とは、時の流れを表した文法用語です。話していることは、「今」なのか「過去」なのか、はたまた「未来」のことなのか。それぞれ、動詞の変化や助動詞によって表します。

実例でCHECK!

case 1 同じ現在形でも… ➡ P42

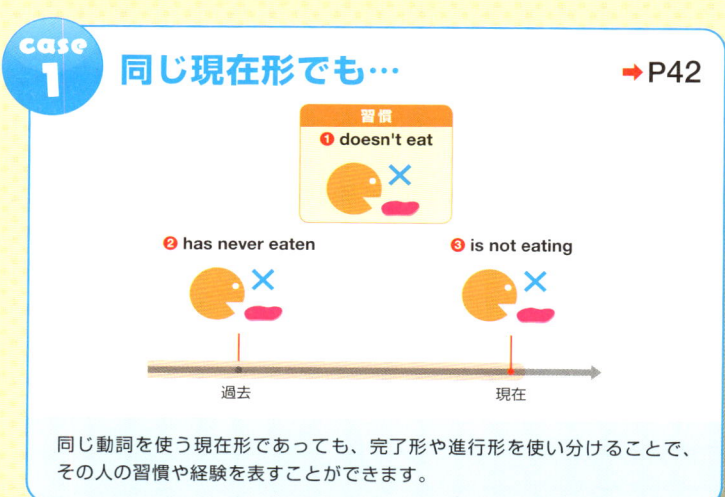

同じ動詞を使う現在形であっても、完了形や進行形を使い分けることで、その人の習慣や経験を表すことができます。

case 2 同じ進行形でも… ➡ P50

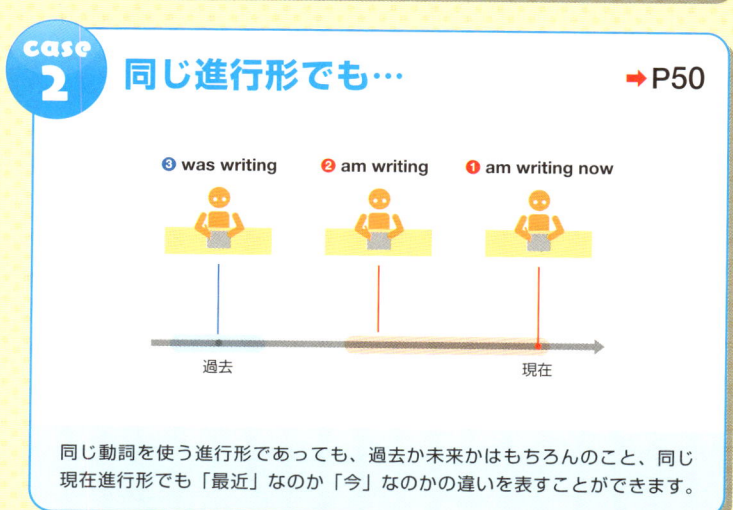

同じ動詞を使う進行形であっても、過去か未来かはもちろんのこと、同じ現在進行形でも「最近」なのか「今」なのかの違いを表すことができます。

同じ動詞の形でも、ニュアンスによって時制を使い分けることもあります。
実際どのようにして使い分けるのかを、本編に先立って確認してみましょう！

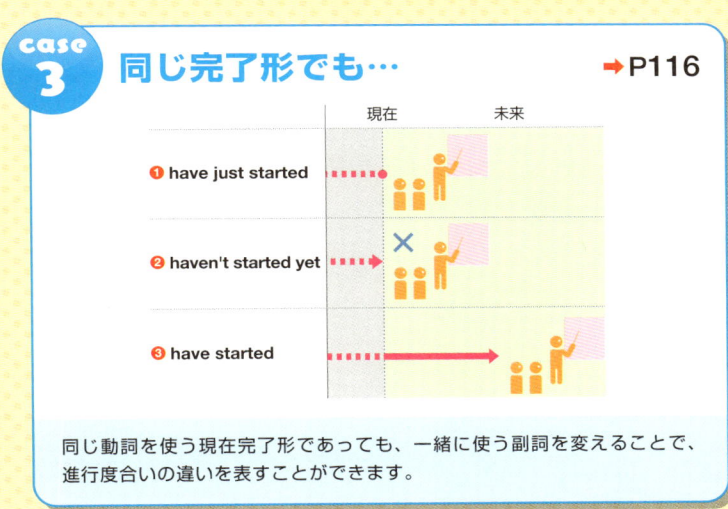

同じ動詞を使う現在完了形であっても、一緒に使う副詞を変えることで、進行度合いの違いを表すことができます。

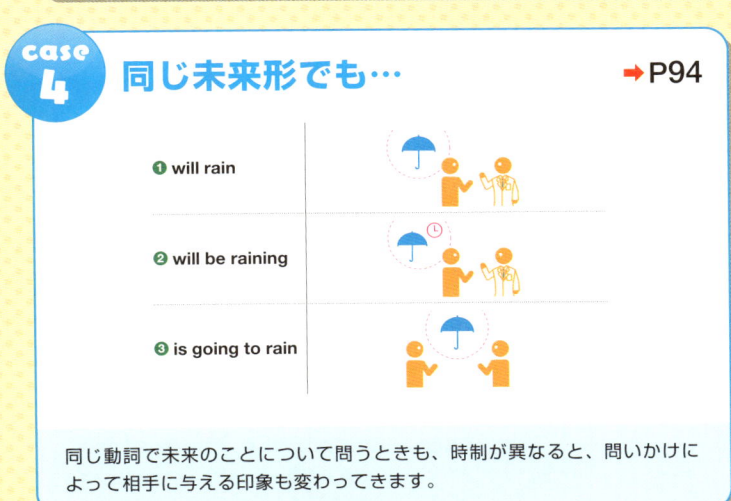

同じ動詞で未来のことについて問うときも、時制が異なると、問いかけによって相手に与える印象も変わってきます。

仮定法ってなに？

仮定法とは、実際に起こりえないことを願望を込めて表現した文です。
願望とは今実際に起きていない仮定の話、つまり「仮定法」と呼びます。

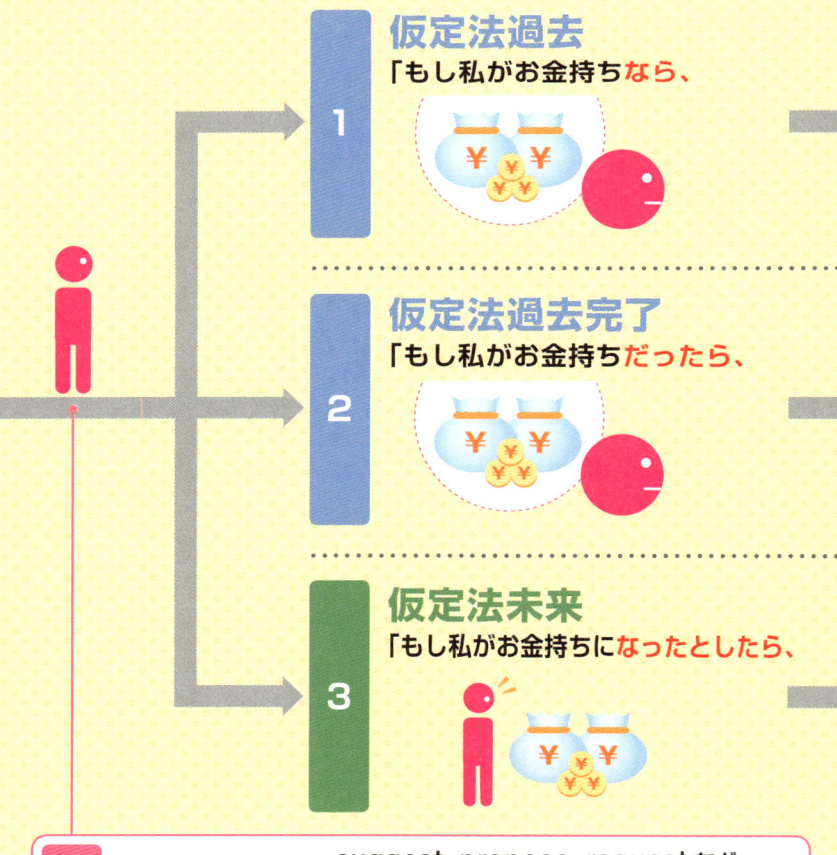

1 **仮定法過去**
「もし私がお金持ちなら、

2 **仮定法過去完了**
「もし私がお金持ちだったら、

3 **仮定法未来**
「もし私がお金持ちになったとしたら、

4 **仮定法現在**
suggest, propose, request など
現在や未来に対する不確かな「仮定」や「予想」を表すとき、上記のような動詞を用いて、仮定法現在を使います。➡P172

直接法と仮定法

ifを使った文がすべて仮定法になるとは限りません。if以下の文が実際に起こりうるかどうかによって、仮定法か直接法かを判断します。　→P156

「彼女に求婚するのになぁ」

現在の事実に反する願い

仮定法過去は、現在の事実に反した話し手の願望を表します。　→P160

「彼女に求婚したのになぁ」

過去の事実に反する願い

仮定法過去完了は、過去の事実に反した話し手の願望を表します。　→P168

「彼女に求婚するのになぁ」

起こりそうもない未来に対する願い

仮定法未来は、現在の事実に反した話し手の未来への願望を表します。　→P180

時制&仮定法のビジュアル図解

時制を表で比較!

過去、現在、未来、それぞれの時制をdoを例に一覧で比較してみましょう。
動詞は時制が変わることで、形も変わります。

	過去	現在	未来
単純	**過去形** did 過去形は、動詞の過去形を用いて表し、「〜した」などの意味となる。	**現在形** do 現在形は、動詞の現在形を用いて表し、現在の行動や習慣を示す。	**未来形** will do 未来形は、willなどの助動詞＋動詞の原形を用いて表し、未来の予定や意志を示す。
進行形	**過去進行形** was doing 過去進行形は、be動詞の過去形＋動詞のing形で、「〜していた」などの意味を示す。	**現在進行形** is doing 現在進行形は、be動詞と動詞のing形で、「〜している」などの意味を示す。	**未来進行形** will be doing 未来進行形は、助動詞will＋進行形(be動詞＋〜ing)で「しているだろう」の意味を示す。
完了形	**過去完了形** had done 過去完了形は、had＋過去分詞を用いて、「〜してしまった」などの意味を示す。	**現在完了形** have done 現在完了形は、have＋過去分詞を用いて、経験や継続、完了を表す。	**未来完了形** will have done 未来完了形は、will＋現在完了形を用いることで、「〜しているだろう」という意味を示す。
完了進行形	**過去完了進行形** had been doing had been＋動詞の〜ingで表し、「〜していた」という意味を示す。	**現在完了進行形** have been doing have been＋動詞の〜ingで表し、過去から現在までの「動作の継続」を示す。	**未来完了進行形** will have been doing will＋have been＋動詞の〜ingで表し、未来に「〜し続けているだろう」を示す。

その他

過去未来形 was going to
過去未来形は、過去のある時点における「未来の予定／計画」を表す。　➡P102

大過去
大過去は、過去完了形を用いて、過去より以前のある時点を表すときに使う。　➡P150

動作動詞
動詞自体が「〜する」という動きを表す意味合いをもつ動詞のこと。waitやloseなど。　➡P142

状態動詞
動詞自体が「〜している」という状態の意味合いをもつ動詞のこと。knowやloveなど。　➡P142

PART 1
まずはいろいろ見てみよう！時制ピックアップ

多くの英語学習者を悩ませる時制と仮定法。PART1では、さまざまな時制と仮定法をピックアップして紹介。微妙なニュアンスの違いを楽しく学びましょう！

レッスン 1

現在形 & 過去形

時制の変化は動詞の変化！

時制が変わることで、文章そのものの意味が大きく変わります。時制の変化は、最初に動詞がどのように変わったかを見て確かめます。

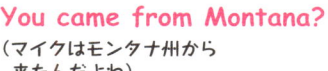

You came from Montana?
（マイクはモンタナ州から来たんだよね）

Yes, but I come from Colorado.
（うん！でも出身はコロラド州だよ！）

いいなぁ 私もアメリカで生まれたかったわ
土地も家もひろいし…

何を言っているんだ葵！
日本には忍者がいるんだぞ！
もっと日本に生まれたことを誇りに思うんだ!!
わわわかった わかったから許して

# 時制を理解しよう！

I come from Tokyo. 現在形

私は東京出身です。

　comeを使ったI come from Tokyo.は「私は東京から来ます」という意味ではありません。現在形のcome fromは常に「〜出身です」の意味になります。現在形の働きのひとつは「永続的な状況を表す」ことであり、東京出身である事実は、過去や未来も変わることはありません。そのため、出身を表す場合は常に現在形になります。

I came from Tokyo. 過去形

私は東京から来ました。

　過去形cameを使ったI came from Tokyo.は実際に自分がどこから来たのかを説明するのによく使われます。この場合は日本語どおりに過去形になります。Where did you come from?「どこから来たのですか？」と問われたときにはこのように答えます。なお、現在形のWhere do you come from?は出身を尋ねる文になります。

東京→名古屋→大阪

PART 1 時制ピックアップ

レッスン 2

現在形 & 現在進行形

「いつも」なの？「今」なの？

現在形は「永続性のある状況」以外でも使われることがあります。動作が進行中の「現在進行形」との違いは「いつも」なのか「今」なのかという点です。

時制を理解しよう!

That dog barks.

現在形

あの犬はいつも吠えています。

That dog barks.「あの犬は吠える」は「いつも吠えている／よく吠えている」の意味です。このように 現在形 は人や物の性質や習慣も表します。たとえば、He gets up early. なら「彼は早く起きる」➡「彼は早起きである」という彼の習慣を意味します。また特定の犬を指さないDogs bark.は「犬とは吠えるものだ」のニュアンス。

That dog is barking.

現在進行形

あの犬が吠えています。

現在進行形 を使ったThat dog is barking. なら、現在という時点で「あの犬が吠える」という動作が一時的に進行中であることを表しています。つまり 現在進行形 ではthat dogが「普段よく吠える犬」であるかどうかにかかわらず、今現在の時点でなんらかの理由で「一時的に吠えている」ことを表しているにすぎません。

レッスン 3

現在形 & 過去形

時制が変われば
ニュアンスも変わる！

同じ動詞を使いながらも、時制を現在から過去に変えると、時制の変化だけでなく、まったく違うニュアンスに変わる場合もあります。

時制を理解しよう！

I miss my family. 現在形

家族が恋しい。

現在形 のmissは、基本的に「相手がいなくなり寂しく思う／恋しく思う／懐かしく思う」の意味です。現在形 のI miss my family.は「家族がいなくて恋しい」。またI miss New York.のように人以外でも使うことができ、「ニューヨークが懐かしい」となります。現在形 のmissであれば、まずこの意味だと思ってよいでしょう。

I missed my family. 過去形

家族を見失いました。

missには「恋しく思う」以外に、「見失う／乗り遅れる」などの意味もあります。現在形 ではほとんどの場合、前者の意味ですが、過去形 のI missed my family.だと「家族を見失った／家族が恋しかった」の2つの意味が考えられます。その使い分けはその前後の文脈で判断します。I missed the train.なら「電車に乗り遅れた」。

レッスン 4

現在形 & 過去形

時制で変わる話し手の気持ち

現在形の文と過去形の文では、時制の違いがあるのは当然ですが、その中に発言者の微妙な気持ちの違いが込められていることもあります。

# 時制を理解しよう!

He says so. 現在形

彼はそう言っています。

 sayの訳は「言う」ではなく「言っている」とするほうがしっくりきます。現在進行形のようになることに注意しましょう。彼の発言が、過去の時点であっても、sayという現在形を使っていれば話し手にとって彼の発言はまだ有効となります。「過去にそういう発言をして、現時点でも変わらずにそう思っている」ことを示唆します。

He said so. 過去形

彼はそう言いました。

 過去形 saidが使われるときは「彼は過去にそう考えて発言した」の意味。過去形が使われることで、彼の発言内容がすでに「過去のもの」になった可能性が考えられます。「確かに言ったけど、今は変わっているかもしれない」の含みがあります。また、He thought so. なら「彼はそう思っていた、でも今は違うかも」と取れます。

レッスン 5

過去形 & 現在形

主語がyouならどう変わる？

youが主語の現在形はyouを呼びかけと考え、「命令文」になる場合があります。また同じ時制でも言い方が変われば、意味が異なる場合があります。

時制を理解しよう！

You did it. 過去形

あなたがやったんでしょう。

過去形 のdidを使ったYou did it.は「あなたがそれをやりました」➡「それはあなたがやったんでしょう」の意味。過去形 のこの文は定番表現で、残念な気持ちや怒りなど、ネガティブな場面でよく使われます。一方、You did it!のように口調を変えれば「やったじゃない！」のように相手をほめる言い回しになります。

You do it. 現在形

あなたがやってね。

現在形 のdo を使ったYou do it.を「あなたはそれをします」と直訳しても意味がよくわかりません。このようにyou が主語で 現在形 の動詞が続く場合は（You）Do it.「（あなたが）それをしてね」という意味の命令文と考えるのが自然です。本来の命令文はyouを省略しますが、ネイティブの会話では主語を入れることもあります。

レッスン 6

現在形 & 過去形

That'sから始まる定番フレーズ！

That's (That is) という主節が同じ時制の2つの文でも、その後ろに続く節の時制が異なることで意味が変わります。その定番表現を覚えましょう。

時制を理解しよう！

That's what I think.

現在形

それ、私が考えていることです。

That's〜つまり 現在形 の That is〜と 現在形 の what I think「私が今思っていること／考えていること」から推測すると、相手の発言や行動を受けた that「それこそ」が「今私が考えていることと一致している」ということがわかります。相手の発言などを受けた I think so too.「今私もそう思っています」を強調する言い回しです。

That's what I thought.

過去形
※従節が過去形

ほら、やっぱりね。

現在形 の what I think に対し、 過去形 の what I thought は「（以前に）私が考えていたこと」を表します。that が what I thought と一致していることを意味するので、言い換えれば I thought so too.「そう思っていた」ことになります。すなわち「ほらね、やっぱりね／私が思っていたとおりだよ」の意味になります。

レッスン 7

未来形 & 未来進行形

シチュエーションでニュアンスが変わる未来形

未来形の中には進行形や完了形があります。言葉ではなく、そのシチュエーションを頭に描くことでうまく使いこなすことができるようになります。

時制を理解しよう！

I'll do it.

未来形

（じゃあ）私がやりましょうか。

　未来形 のwillは未来に対する意志を表しますが、その意志は「ずっと以前から～しようと決めていた」というものではなく、たとえばAre there any volunteers?「誰かやってくれますか?」という場面でこう答えれば「今決めました。私がやりましょうか?」という意志を示します。省略しない I will はI'll に比べて強い意志を示します。

I'll be doing it.

未来進行形

私がやることになっています。

　未来進行形 I'll be～ing. は「未来のある時点で動作が進行している」状態を表します。しかしもっとシンプルに「～することになっている／することになるだろう」、つまり自分の意志や成り行きを意味すると考えればわかりやすいでしょう。「私がやることになっています」という意志を表す定番表現です。

レッスン 8

現在形 & 現在完了形

多様な意味と役割をもつhave

haveは汎用性が高く、それだけにとても多くの意味をもつ動詞です。ここでは現在形のhave itと現在完了形のhave had itの違いを見てみましょう。

 # 時制を理解しよう！

I have it.　　現在形

それ、持っているよ。

現在形 haveを使ったI have it.は「それを持っている」の意味です。現在形がもつ働きのひとつは現在を起点にした過去から未来までの広がりを表すことで、I have it.「それを持っている」は、単に今持っているというだけでなく、過去からit「それ」を所有していて、その状態が現在を経て未来まで変わらず続くことを示唆しています。

I've had it.　　現在完了形

もう、うんざり／もう限界。

この場合の **現在完了形** は過去のある時点から現在に至るまでの継続を表します。have had it～は「そんな状態」が過去のある時点から始まり、今も変わらずに続いていることを意味しています。I've had it. は「もう、うんざり」という気持ちを表しています。I've had it with this noise.であれば「この騒音には我慢できない」の意味。

PART 1　時制ピックアップ

このcouldは過去形？ 仮定法？

助動詞canの過去形のcouldを使う場合、ネイティブは「できる」の過去形「できた」ではなく、仮定法として使うケースがずっと多くなります。

時制を理解しよう!

I could do it. 仮定法過去

私だったらできるのですが。

助動詞canの 過去形 couldを使った肯定文はネイティブにとっては「可能の 過去形 」ではなく、多くの場合は「仮定／推量」を表す場面で使われる 仮定法過去 です。I could do it.「私ならできるのに／できるかもしれないのに」の意味の裏にあるのは「実際にはしないけど私なら～できるはず」という意味です。

I can do it. 現在形

私、できます。

canには「可能」「可能性」などの意味があり、 現在形 でI can do it.であれば、「私、できます」という可能の意味を表します。「これ、できる人はいますか？」という問いかけに対して「できる／現在それをする能力がある」のであれば、このようにcanを使います。Can you do it? なら可能であるかどうかを問う文です。

レッスン 10

過去形 & 現在完了形

事実を伝える過去形、完了を伝える完了形

過去形と現在完了形を明確に使い分けるのがむずかしい場面です。問いに答えたのか、自分から発した言葉なのか、そこがポイントになります。

時制を理解しよう！

I did it!

過去形

やったわ！

　doの 過去形 を使ったYou did it.（➡P 26）と同じく、I did it. にも2つの意味があります。「誰がやったの？」という過去の問いかけにI did it. なら「自分がやった」事実を淡々と告げる表現になります。一方、自分から発したI did it！であれば「やったわ！」と自分の成果をよろこぶ発言で、達成のイメージとなります。

I've done it.

現在完了形

やっちゃったよ（大変なことをしでかしてしまった）。

　 現在完了形 で「過去の経験」を告げたり尋ねたりすることができます。「〜したことある？」と経験を問われた場合に、I've done it. なら、経験があることを告げる発言になります。一方、問いに対する答えではなくI've done it. と発した場合、「やってしまった」という「完了」を意味するネガティブな定番表現になります。

PART 1 時制ピックアップ

映画に登場する時制

映画にはシンプルでありながら、心に残るセリフがたくさんあります。
さまざまな時制のセリフから、映画の世界観を堪能してみましょう。

I'll be back.
また戻ってくるぜ。　　ターミネーター（1985年）

有名なセリフですね。I'll〜は「再び戻る」という意志を表していますが、それがいつかは、わかっていません。「戻って来たぞ」と言うのであればI'm back.となります。

I see dead people.
僕には死んだ人たちが見えるんだ。　　シックス・センス（1999年）

霊感の強い少年のセリフ。I see〜は、意識しなくても、彼には日常的に死んだ人が見えることを意味しています。そのため「習慣／状態」を表す現在形です。

Boys will be boys.
男の子はいつまでたってもこんなものさ。　　アウトサイダー（1983年）

「男の子はいつまでも男の子である」が直訳。willでも、本人の意志とは関わりのない単純な未来（この場合は「習性」）を表しています。

I'm going to make him an offer he can't refuse.
文句は言わさん。　　ゴッドファーザー（1972年）

「彼が拒否できない申し出をするつもりだ」が直訳。すなわち、「文句は言わさん」ということ。be going to〜はそれが「既定路線」であることを示しています。

PART 2
身につけたい！基本の時制

PART2では、現在形・過去形・未来形を中心に、普段の会話でよく使われる基本の時制を紹介します。ネイティブはどのようにして使い分けているかみていきましょう。

レッスン 1

現在形 & 現在進行形

「している」＝進行形とは限らない!?

liveは「住んでいる」という、いわば最初から現在進行形の意味をもっています。このような動詞を進行形にするには理由があります。

山口はアパートだっけ？

おう！
I'm living in Kichijoji.
（吉祥寺に住んでるよ）
でも来年には引っ越すつもり

また？
毎年のように引っ越してるけど何で？

うまいたこ焼き屋を見つけたらその近所に引っ越してるんだ！

お前の人生はたこ焼きで回ってるんだな…

時制を理解しよう！

I live in Kichijoji.

現在形

私は吉祥寺に住んでいます。

現在形 は過去から現在を経て未来にまで広がった範囲（時間）を指します。この例文のliveは、過去から現在に至るまで継続して話し手がその場所に住んでおり、今後もずっと住む予定であると考えられます。つまり 現在形 は単純に「吉祥寺に住む」ではなく、「住んでいる」という継続中の状態を表しているのです。

I'm living in Kichijoji.

現在進行形

私は（現在）吉祥寺に住んでいます。

上述したような理由から、live「住んでいる」という状態動詞は基本的に 現在進行形 にしません。しかし、このようにはじめから継続する状態を表す動詞が 現在進行形 になることがあります。それは現在は住んでいるが、一時的なことであり、将来移動する予定や可能性がある、つまり現在から未来への広がりがない場合です。

理解を深めよう！

(not) eat meat
を別の時制で比べてみよう

① 現在形 **She doesn't eat meat.**
彼女は肉を食べません。

② 現在進行形 **She's not eating meat.**
彼女は最近肉を食べていません。

③ 現在完了形 **She has never eaten meat.**
彼女は肉を食べたことがありません。

　現在形は人や物の性質・習慣・状態などを表すので❶She doesn't eat meat.では彼女が普段から「肉を食べない習慣」の持ち主であることがわかります。

　それを❷のように現在進行形にすると「今現在の時点で肉を食べていない」という動作の進行ということも考えられますが、現在進行形のもうひとつの性質の「最近」を表していると考えるほうが自然でしょう。「最近／ここのところ肉を食べていない」状態が継続していると考えられます。

　一方、現在完了形の❸She has never eaten meat.は「経験」を表し、彼女がこれまでnever「決して」肉を食べていないという意味になります。つまりa vegetarian「菜食主義者」かa vegan「完全菜食主義者」なのかもしれません。ちなみにa veganとは肉類だけではなく、乳製品なども食べず、動物を殺さないという観点から、人によっては革製品も使わないという人たちのことです。

レッスン 1

習慣
❶ doesn't eat

❸ has never eaten

❷ is not eating

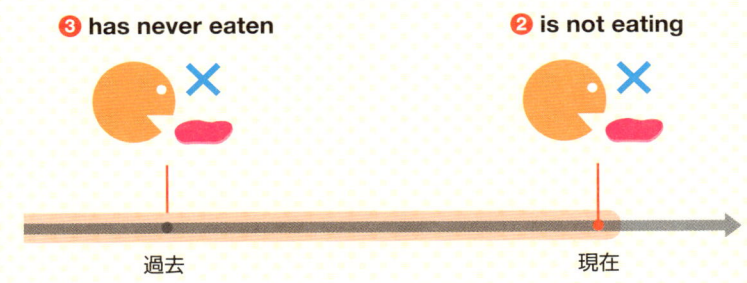

過去　　　　　　　　現在

PART 2 基本の時制

Quiz

これは○それとも×？

I'm knowing about this problem.
私はこの問題について知っています。

「私はこの問題について知っている」と言う場合、現在進行形を使いたくなります。でも know は「知っている」という状態を表す動詞です。現在進行形は動作を表す動作動詞しか使いません。それを言うなら I know about this problem.

[答え] ×

レッスン 2

現在形 & 現在進行形

進行形になると形容詞は深い意味をもつ

He's nice. のように＜be動詞＋形容詞＞は、主語の性質や様子を表し、現在形になります。実は進行形になると意味が変わります。

ここは楽しい塾ね
塾長先生はどんな方？

保護者様向け
入塾説明会 →

He's being nice today.
（彼は今日に限って親切ですよ）

プープー
クスクス

やあマイク先生
何か言ったかい？

He's nice!
（彼はいつも親切ですよ）

サイコー
です!!

まぁそう

時制を理解しよう!

He's nice.

現在形

彼は親切です。

　＜be動詞＋形容詞＞の文は主語である人の性質や状況などを表します。現在形といっても、「現在」というくくりに重点を置いているわけではなく、過去から現在を経た広い範囲の状況をカバーしています。He's nice.は彼の本来の親切さや、温厚さを表した文であり、とくに今現在の時点を捉えているというわけではありません。

He's being nice today.

現在進行形

彼は今日に限って親切です。

　主語の性質や状態を現在進行形で表すことがあります。たとえば「親切である」ことが現在進行中で、それを強調する場合です。このように現在進行形で人の性質などを表現するときは「今日に限ってやけに」というニュアンスがあり、決してほめているわけではありません。現在形から現在進行形へ変えた意図を感じ取りましょう。

理解を深めよう!

be friendly
を別の時制で比べてみよう

① 現在形 **She's friendly.**
彼女はフレンドリーです。

② 現在進行形 **She's being friendly today.**
彼女は今日に限ってフレンドリーです。

③ 過去形 **She was friendly.**
彼女はフレンドリーでした。

　現在形❶She's friendly.「彼女はフレンドリーだ」のように＜be動詞＋形容詞＞は、彼女が元来フレンドリーな性格であることを表しており、現在とくにその状態が顕著だというわけではありません。彼女は常にフレンドリーな人だということです。

　ところが、❷She's being friendly.のように、現在進行形になると、「彼女がフレンドリーである」状態が現在進行中であることになり「今日に限って」という意味になってしまいます（➡P44）。She's being rude.であれば「彼女は今日に限って失礼だ」。本来、現在進行形は動作を表す動詞に使われるものですが、＜be動詞＋being＋形容詞＞で微妙なニュアンスを出すことができます。

　一方、過去形の❸She was friendly.ならば「彼女は以前はフレンドリーだった」➡「今はフレンドリーではない」ことになります。

レッスン 2

性質／状態

❶ is friendly

❸ was friendly　　　　　　❷ is being friendly

過去　　　　　　　　　　　現在

Quiz

ビックリするのはどっち？

① She's mean to me.
② She's being mean to me today.

現在形のShe's mean to me.「彼女は私に意地悪です」なら、いつものこと。でも、現在進行形のShe's being mean to me today. なら「今日に限って意地悪です」。それには「えっ？どうして？何かあったの？」とビックリしてしまいます。

[答え]　②

レッスン3

現在進行形 & 現在進行形

進行形で表す「今」と「最近」

現在行っていることを表すのが現在進行形ですが、その場合、使い方や付け加える単語で、「まさに今」と「最近」の2つの意味に分かれます。

I'm doing yoga.
(私最近ヨガやってるのよ)

へえ

これがなかなかきつくて
でもかなり身体が
引き締まるのよね

そうなんだ
ところで…

さっきから
何をしてるの？

I'm doing yoga now.
(ヨガよ)

ヨガだったんだそれ…
呪いの儀式か何かかと…

時制を理解しよう！

I'm doing yoga.

現在進行形

最近ヨガをやっています。

現在進行形 には、今実際にその動作をやっているかどうかにかかわらず、「最近」を表す場合もあります。「最近」とは過去から現在、近い未来も含めての一定期間のことであり、その間話し手が継続して「ヨガをやっている」ことになります。ちなみに I do yoga. という現在形でも同じ意味を表すことができます。

筋肉痛↓

I'm doing yoga now.

現在進行形

今、ヨガをやっています。

たとえば、友人が訪ねてきたり、電話がかかってきたりして、What are you doing?「今あなた何をやっているの？」と「現在進行中」のことについて聞かれたときには **現在進行形** で答えます。この文の場合には末尾に now があると考えればしっくりきます。実際にある動作が現在進行中であることを表しています。

PART **2** 基本の時制

理解を深めよう！

be writing poems
を別の時制で比べてみよう

① 現在進行形 **I'm writing poems now.**
（今）詩を書いています。

② 現在進行形 **I'm writing poems.**
（最近／この頃）詩を書いています。

③ 過去進行形 **I was writing poems.**
彼女は詩を書いていました。

　現在進行形とは「現在ある動作が進行している」ことですが、上の❶と❷の例文のように、場面を変えて２つの状況に対応することができます。「今（現在）詩を書いているところです」はまさしく詩を書く動作が進行中であることを表しており、「今、何しているの？」と尋ねられたりしたときの答えとしてはぴったりです。

　また「現在」といいながら必ずしも現時点だけを意味しない使い方もあり、❷の表現は「最近は何をしているの？」と聞かれた場合の答えにもなります。同じ言い方なので一瞬迷いますが、相手とのやり取り、その場の状況を考えれば、それほどむずかしい使い分けではありません。

　一方、過去進行形の❸ I was writing poems. は「私が訪ねて行ったときは何をしていたの？」といった問いに対する答えや、自分が過去のある時点で何をしていたのかを表現するときに使います。

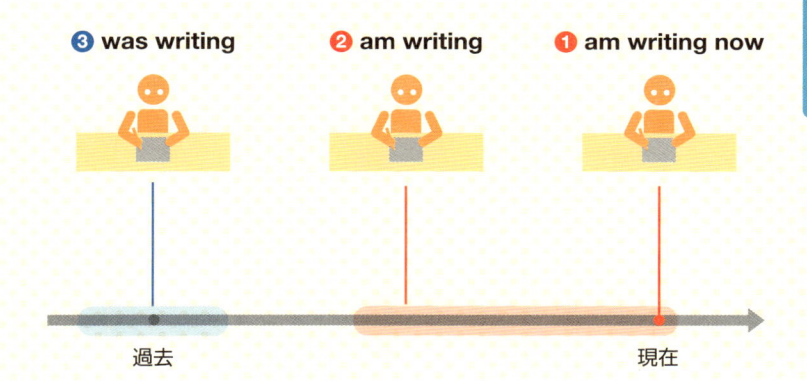

レッスン 3

③ was writing　**② am writing**　**① am writing now**

過去　　　　　　　　　　　　　　　現在

Quiz

今、動作が進行していますか？

I'm studying international relations.

① 進行していない　② 進行している

「最近何やっている？」と近況を聞かれたときに、I'm studying international relations.「国際関係を勉強しているわ」。現在進行形は、今動作が進行しているばかりではありません。一定期間、動作が継続している場合もあります。

［答え］　①

レッスン **4**

現在形 & 現在進行形

状態動詞と進行形の関係とは

haveのような状態動詞は、現在形で使われることが多いですが、「一時的」という意味で進行形として使われる場合もあります。

I have a baby.
（赤ちゃんができたの）

おめでとう！

2人も頑張ってね

ケイトさんの赤ちゃんか…かわいいだろうな…

やだ翔太さんたら恥ずかしい！

元気な赤ちゃん産めそうね

時制を理解しよう！

I have a baby.

現在形

私には赤ちゃんがいます。

　この場合、現在形のI have～は「持つ」を表すのではなく、「いる」という状態を表しています。「私には（今この場にいなくても）現在赤ちゃんがいます」の意味になります。また「赤ちゃんを連れて来ています」と言うのであれば 現在形 のままで I have a baby with me. のように with me を後ろにつけるとよいでしょう。

I'm having a baby.

現在進行形

陣痛が始まりました。

　現在形 have a baby には「出産する」の意味もあります。現在進行形でI'm having a baby. といえば「妊娠している／赤ちゃんがおなかにいる最中」の意味にもなりますが、同時に「出産する」という状態が進行している場合も考えられます。すなわち「現在、陣痛が始まり、続いている最中」の意味になります。

理解を深めよう！

have lunch
を別の時制で比べてみよう

① 現在形 I **have** lunch with my coworkers.
私は同僚と昼食をとります。

② 現在進行形 I'm **having** lunch with my coworkers (now).
私は今、同僚と昼食中です。

③ 現在進行形 I'm **having** lunch with my coworkers tomorrow.
私は明日同僚と昼食をとります。

　現在形の❶I have lunch with〜なら「私には毎日会社で同僚と昼食をとる習慣がある」ことがわかります。I don't have lunch with〜なら「同僚とは食事をしない」の意味。これも「習慣」です。

　現在進行形の❷I'm having lunch with〜はまさしく、お昼休みに同僚たちと食事中であることがわかります。ここでは文末にnowの意味が含まれています。また現在進行形には、現在まさにある動作が進行している状態とは別に、ごく近い未来を表す場合もあります。❸の「明日同僚と昼食をとる」のは、ごく近い未来のことです。

　どのようにその2つは区別できるのだろうかと考えるでしょうが、ネイティブは「時を表す副詞（句）」、この場合はtomorrowを入れることで自分の意図をしっかり告げます。

レッスン 4

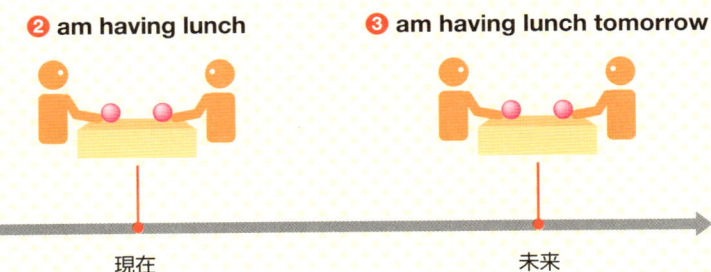

習慣
❶ have lunch

❷ am having lunch　　❸ am having lunch tomorrow

現在　　　　　　　　　　未来

PART 2　基本の時制

とっさの一言

I'm having trouble.

ちょっと困っているんだ。

have troubleは「～するのに苦労する」の意味。現在形なら「日常的に／ここしばらく困っている（問題がある）」の意味ですが、現在進行形のI'm having trouble with my computer.なら「フリーズしてしまった／ウィルス感染してしまった」など問題が現在進行中であることを意味します。

レッスン 5

現在形 & 現在完了形

意図によって時制を変えよう

日本語ではあまり差をつけにくい現在形と現在完了形の訳ですが、英語の場合、この時制の違いによる話し手の意図は明らかです。

取引先の担当者の名前忘れちゃいました！

まったくお前は！
I forget your name.
（うっかりお名前を忘れてしまって…）
と正直に謝って聞いてこい

わかりました～

あ、もしもし？

すいません
I've forgotten your name.
（お名前をすっかり忘れてしまって！）

すっかりじゃなくてうっかりだっつーの

失礼かー!!

時制を理解しよう!

I forget your name. 現在形

お名前をうっかり忘れてしまって…。

　日本語の「名前を忘れた」は 過去形 ですが、英語では 現在形 のI forget ～を使います。なぜなら「今忘れている／今思い出せない」という現在の状態を表しているからです。つまり「今は忘れているが、あとで思い出すと思う」というニュアンスが強いのです。この場合の 現在形 のI forget～は「記憶」についての表現で使われています。

（吹き出し：佐々木？佐藤…？　／　佐藤）

I've forgotten your name. 現在完了形

お名前をすっかり忘れてしまって…。

　過去のある時点から現在までその状態が継続していることを表す 現在完了形 。I've forgotten～は「この前まで覚えていたけど、今はド忘れしている」のイメージはなく、「過去から現在まですっかり忘れていて、今もまったく思い出せずにいる」ことを意味しています。しかしこの場合でも、将来思い出す可能性を若干残しています。

（吹き出し：鈴木？佐藤？　／　高橋）

理解を深めよう！

get bored
を別の時制で比べてみよう

① 過去形 **I got bored.**
退屈しました。

② 現在完了形 **I've gotten bored.**
退屈しちゃった。

③ 現在形 **I get bored easily.**
すぐ飽きちゃいます。

　get boredは「退屈する」の意味で、過去形の❶I got bored. は過去のある時点で気持ちが退屈に転じたことを表します。I was bored. のようにbe boredは「退屈している」という状態を表します。いずれも過去の時点を表しているので、現在との関わりはありません。

　現在完了形の❷have gotten boredは、過去のある時点で退屈して、いまだに退屈が続いていることを意味しています。I've gotten with this video game. であれば「このテレビゲームには退屈したよ／飽き飽きしたよ」となり、今はそのテレビゲームには興味がない、やる気が起きないということになります。

　一方、現在形の❸I get bored easily. であれば「すぐに／簡単に飽きてしまう」の意味で「私の性格」が表れています。要するに私は飽きっぽいということになります。

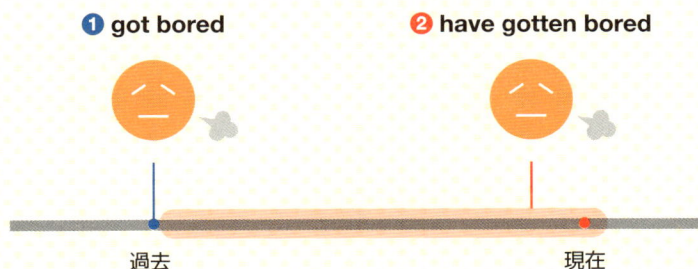

レッスン 5

性格

❸ get bored

❶ got bored　　　❷ have gotten bored

過去　　　　　　　現在

何が言いたいの？

What have you done to your hair?
いったい、その髪どうしちゃったの？

What did you do to your hair?
髪、どうしたんですか？

　I've really done it now. は I've done it. の「やってしまった感」をさらに強めたフレーズです。What have you done to your hair? なら「髪の毛にいったい何をしたの？」
➡「どうしちゃったの、その髪？」の意味。過去の仕業が現在に色濃く残るイメージです。

レッスン **6** 　過去形 & 現在完了形

過去形と現在完了形で表す「過去」ってどう違うの？

過去のある時点を表す過去形と違い、現在完了形は過去の時点から現在に至るまでの時の経過を表しています。その違いを比較してみましょう。

ない…うそだろ…！

ゴソ　ゴソ

I've lost my SD card!
（SDカードを失くしちゃった！）

あれには僕と葵の貴重なツーショット写真が入ってるのに！

おいジョン　これのことか？

ろうかに落ちてたよ

ありがとう！この恩は末代まで忘れない！ありがとう!!

←はれてる

泣きすぎて顔怖ッ!!

時制を理解しよう！

I lost my SD card.

過去形

SDカードを失くしました。

　動作動詞loseの 過去形 を使ったこの文は、過去のある時点でSDカードを失くしてしまったことを表しています。 過去形 はあくまで、過去の一時点における「失くした」という事実を表現しているにすぎません。このように 過去形 は現在とのつながりはなく、現在見つかったかどうかはこの場合には関係ありません。

I've lost my SD card.

現在完了形

SDカードを失くしてしまいました。

　現在完了形 は過去から現在までの経過を表します。 現在完了形 の文では、過去にSDカードを失くしたという状態が、途切れずに、依然として続いていることを示しています。もし、あなたが現在もなお、失くしたSDカードを探しているのであれば、 現在完了形 の文を使わないと、過去の話として片づけられる可能性があります。

理解を深めよう！

keep my grandmother's ring
を別の時制で比べてみよう

① 過去形 **I kept my grandmother's ring.**
私は祖母の指輪をとっておきました。

② 現在完了形 **I've kept my grandmother's ring (for a long time).**
私は祖母の指輪を（長い間）とっておいてあります。

③ 現在進行形 **I'm keeping my grandmother's ring.**
私は祖母の指輪をとっておくことにします。

　keep my grandmother's ringは「祖母の指輪を取っておく」の意味です。過去形の❶I kept my grandmother's ring.「私は祖母の指輪をとっておいた」なら「とっている状態」がすでに過去のことであり、指輪が今、手元にはないことを示しています。

　現在完了形の❷I've kept～であれば、過去形のI kept～ から始まった「指輪をとっておく」という動作が現在もなお、続いていることを表しています。この文はfor a long time という副詞句が省略されていると考えてください。

　一方、現在進行形の❸I'm keeping～は「とっておくことにする」の意味ですが、「現在もとっておくし、これからもずっとそうするよ（決して捨てたりはしないよ）」の含みがあります。

レッスン 6

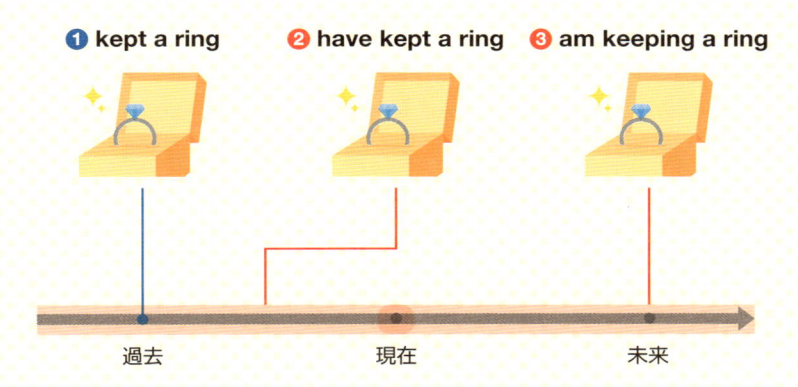

❶ kept a ring　❷ have kept a ring　❸ am keeping a ring

過去　　　　　　現在　　　　　　未来

PART 2 基本の時制

とっさの一言

I've lost my nerve.

勇気がなくなっちゃった。

lose one's nerveは「おじけづく」の意味。lost one's nerveなら「勇気がなくなった」という過去の話ですが、現在完了形のhave lost one's nerveなら、その状態が現在にも及んでいることを表します。何かしようと思っていたが「勇気がなくなった。やっぱりやめる」という意味。

レッスン 7

過去形 & 現在完了形

過去形で表す「現在」の気持ち

何かをもらって「これほしかったの！」と感激の気持ちを表すとき、過去形にするか現在完了形にするかで、ニュアンスの違いがはっきり出ます。

絵画展入賞のお祝いなのにそんな石を葵にあげるの？

そうだよ あいつ喜ぶぞ

怒るんじゃない？

ふふふ 賭けるかい？

わっ!!
I've wanted this!
（これ、ずっとほしかったの！）

次の作品に使うわ！

ウソ…

お菓子より喜んでる!?

時制を理解しよう!

I wanted this.

過去形

これほしかったの。

過去形 は「過去のある時点」での事実を表しているにすぎず、現在形 がもつ「過去から現在を経て未来へ向かう」広がりもありません。過去形 の I wanted this. を使うと「私がこれをほしかったのは過去のある時点で、現在とのつながりはありません」➡「現在はほしくない」と相手に受けとられるおそれがあります。

I've wanted this.

現在完了形

これ、ずっとほしかったの。

「これ、ずっとほしかったの」と、相手によろこびを伝えるなら、現在完了形 を使うとよいでしょう。過去形 に比べて、「ほしい」と過去に思った気持ちが途切れることなく続き、現在もまだ「ほしいと思っている」と伝えるのが 現在完了形 です。こうした状況ではネイティブはよく、I have always wanted this. という表現を使います。

ワンランクアップ 理解を深めよう!

need more water を別の時制で比べてみよう

① 現在形 We **need** more water.
私たちにはもっと水が**必要です**。

② 過去形 We **needed** more water.
私たちにはもっと水が**必要でした**。

③ 未来形 We'**ll need** more water.
もう少しすれば、私たちにはもっと水が**必要になります**。

　現在形の❶ We need more water. なら「今私たちはもっと水を必要としている」という状態を表しています。否定文で We don't need more water. なら「現在の時点でこれ以上の水を必要としていない」の意味になります。

　過去形の❷ We needed more water. は過去の時点でもっと水を必要としていたのは事実ですが、そのあとに水が供給されたのか、水は供給されなかったのかは不明です。つまり、過去のある時点で水が必要であった事実だけを述べています。

　一方、未来形の❸ We'll need more water. は「過去や現在はどうあれ、いずれ私たちはもっと水を必要とするようになるだろう」という未来を語っています。しかし、これは確定的な未来というよりも推測で語っているニュアンスがあります。

レッスン 7

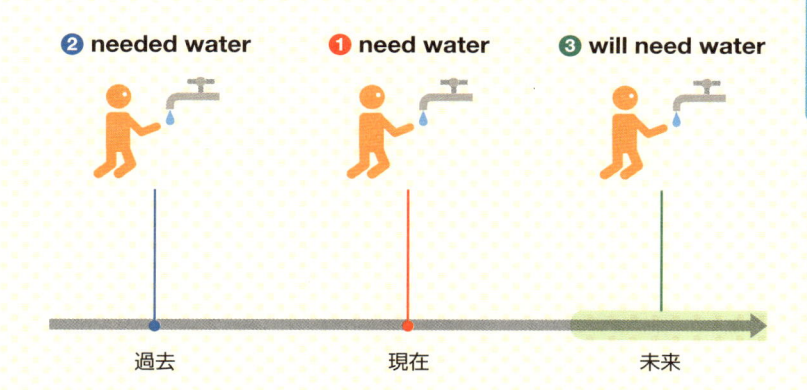

PART 2 基本の時制

❷ needed water　❶ need water　❸ will need water

過去　　　現在　　　未来

Quiz

次の文の時制は？

I've got a cool car.

① 現在形　② 現在完了形

　もし現在完了形であれば、I've gotten a cool car. となりますが、これはhave got〜。実は「現在完了形」ではなく「所有する」の意味をもつhave で「私はカッコいい車を持っている」の意味です。I've got a cold. であれば、「風邪をひいている」。

[答え]　①

レッスン 8

未来形 & 現在形

特定の未来を表す未来形と習慣を表す現在形

「現在いつもどおりに行われていること」を表すのが現在形です。もし、通常の勤務形態について話すのであれば、「現在形」で表す以外にはありません。

I'm going to work on Sunday.
（今度の日曜日は仕事なのよ）

憂鬱だわ

たまには新鮮でいいんじゃない？
I work on Sundays.
（私は毎週日曜日、仕事だもの）

美容師さんは休みが平日で大変よね

そうなのっ！

ダンッ

デートとかウキウキしてるお客さんをみると変な髪型にしてやりたくなっちゃうのよね

八つ当たりはやめなさいよ

時制を理解しよう！

I'm going to work on Sunday.

未来形

今度の日曜日は仕事です。

　未来形の＜be動詞＋going to～＞は現在の習慣とは関係なく「今度の日曜日は仕事をすることになっている」という本人の勤務予定を表しています。この場合「（いつもというわけではないけれど）今度の日曜日は仕事だ」という特定の未来を示しています。そのため、Sundayは単数形となります。

I work on Sundays.

現在形

毎週日曜日は仕事です。

　未来形と違い、現在形は「習慣」を表します。I work on Sundays.「私は毎週日曜日に働く」というこの現在形の文は、私が通常日曜日に勤務している、すなわち、それが現在の習慣であることを示しています。ちなみにこの場合「毎週日曜日」の勤務なので、Sundayは単数形ではなくSundaysと、複数形を使います。

理解を深めよう！

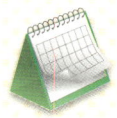

jog on the weekend(s)
を別の時制で比べてみよう

① 現在形
I jog early in the morning on the weekends.
週末の早朝、ジョギングしています。

② 過去形
I jogged on the weekend.
週末にジョギングしました。

③ 未来形
I'm going to jog on the weekend.
週末にジョギングするつもりです。

　現在形の❶I jog early in the morning on the weekends.「週末の早朝、ジョギングします」は、発言者の週末の「習慣」を表しています。毎週の習慣なのでweekendsのように複数形にすることが必要です。このように「習慣」を表す際は、ネイティブはearly in the morning「早朝」のように、より具体的に表現するのが一般的です。

　また過去形の❷I jogged～は「過去の週末にジョギングをしました」という意味です。weekendが単数形であることから、「ジョギングしたこと」は一度だけの行為であったことがわかります。

　一方、未来形の❸I'm going to jog～ の場合は、「今度の週末にはジョギングをするつもりです」の意味で、思いつきではなく、すでに予定していることを表しています。

レッスン 8

PART 2 基本の時制

習慣
❶ jog

❷ jogged

❸ am going to jog

過去　　　現在　　　未来

とっさの一言

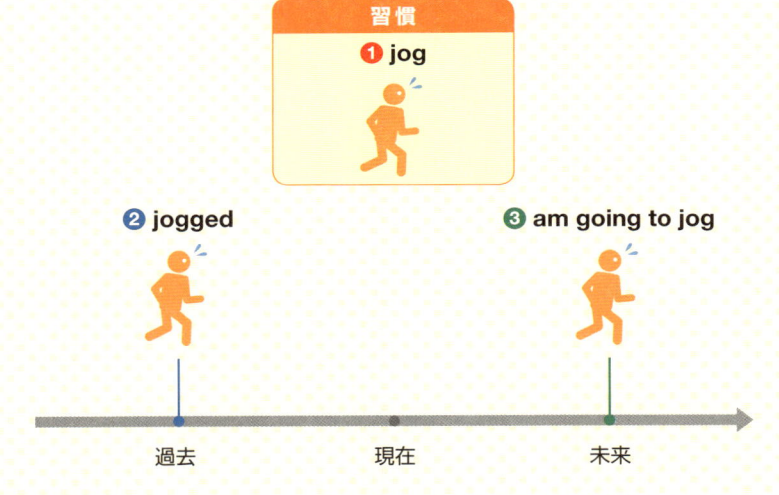

What do you do?

お仕事は何を？

友人からWhat are you doing?「何をしているの？」と尋ねられたら今、していることを現在進行形で答えましょう。しかし現在形でWhat do you do? と聞かれたら、これは「お仕事は何をなさっていますか？」ということ。I work for a bank.「銀行勤めです」のように答えましょう。

レッスン **9**

未来形 & 未来形

とっさのwillと決めていたbe going to

未来形 will〜＝be going to〜と覚えている人も多いかもしれません。でも実は話し手の気持ちや状況によって使い分ける必要があります。

チャーリーはもう夏休みでしょ？よかったら家族みんなでうちに来てよ

いいの？

いつでもいいわよ

I♥chee

I'm going to go to your house next Friday.
（じゃあ今度の金曜日に行くね！）

来ちゃった

えっそんな急に!?あさってじゃん！

マジで来た！

時制を理解しよう!

I'll go to your house on Friday.

未来形

金曜日にご自宅に行きますね。

　未来を表すwillは「(未来に～する)意志」も伝えます。たとえば電話で「それではどこで話をしましょうか?」と言われて「じゃあ、私が伺います」とその場で固めた意志を述べるのがI'll～を使った 未来形 です。ちなみにI'll～と省略せずに、I willにするとさらに本人の意志の強さを表すことができます。

I'm going to go to your house on Friday.

未来形

金曜日にあなたのところに立ち寄ろうと考えています。

「とっさに決めた意志」を表すwillと異なり、同じ 未来形 でもbe going to～は「以前から決まっていた予定に向かって行動を進めようとしている」表現になります。「じゃあ(以前からの予定どおり)行きますね」のように、相手の都合をうかがうよりも、自分の予定を優先する強引さが相手に伝わってしまいます。

ワンランクアップ 理解を深めよう!

go to New York
を別の時制で比べてみよう

① 未来形 I'll go to New York this summer.
この夏ニューヨークに行こうかな。

② 未来形 I'm going to go to New York this summer.
この夏ニューヨークに行く予定です。

③ 現在進行形 I'm going to New York this summer.
この夏ニューヨークに行きます。

　未来を表す３つのパターンですが、同じ未来を表していても発言者の気持ちはそれぞれ異なります。「この夏、パリに行く予定なんだ」という友人の発言を受けて、「(じゃあ) 僕はニューヨークに行こうかな」とそのとき起こった気持ちを口にしているのが❶のI'll go ～です。

　一方、❷のI'm going to go ～の未来形は「この夏ニューヨークに行く予定」➡「行くと決まっています」という意味ですが、「まだ完全に決めているわけではないから、反対なら考えるよ」というニュアンスも感じられます。

　しかし❸のI'm going ～の場合、インフォーマルな言い回しで「行きかかっている／出発しそうになっている」というよりも「行くからね」➡「もう決まっちゃっているからね」という気持ちがあります。

レッスン 9

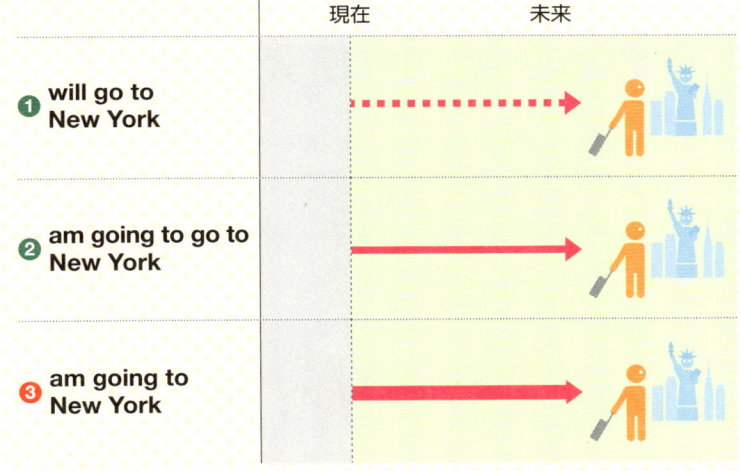

現在　　　　未来

① will go to New York

② am going to go to New York

③ am going to New York

※ → は意志の度合い

Quiz

誘いを断るときに、気分を害さないのはどっち？

① I'll stay with my mom this weekend.
② I'm going to stay with my mom this weekend.

友人に週末遊ぼうと誘われたので、このように答えました。相手は明らかに、ムッとしていたみたいです。理由はwillにありました。willは未来でも「今思いついた」の意味です。I'm going to stay with my mom. と言えばよかったですね。

[答え] ②

レッスン **10**

現在進行形 & 過去形

今の状態を伝える現在進行形、終わった動作を伝える過去形

過去のある時点をもって動作が完結する過去形ですが、まだそれが終わっていなくても使われることがあります。現在進行形と比較してみましょう。

We're working hard this year.
（今年は皆一生懸命働いてるよな）

うーん
それはたぶん…

勤務時間中なのに何時間、トイレ行ってるんだ！

すいませーん
お腹減ったので食堂でご飯食べてました

あいつのおかげで相対的にみんながまじめに見えるだけだと思うよ

なるほどな…

時制を理解しよう!

We're working hard this year.

現在進行形

今年は一生懸命働いています。

現在進行形は「現在ある動作が進行している」という一時的な状況を表しますが、この文では「今の時点で働いている」のではなく、「今年、一生懸命働いている状態が続いている」ことを意味しています。その状態は今でも続いており、話し手にとってのthis year「今年」はまだ終わっていないということになります。

We worked hard this year.

過去形

今年は一生懸命働きました。

過去の時点で、ある動作が終了する**過去形**ですが、worked hard this yearという場合、話し手の今年における「働く」という動作が、ここでしっかり終わったことがわかります。しかしたとえ、それが11月であったとしても、つまり実質的にthis year「今年」が終わりを迎えていなくても、この表現を使うことができます。

ワンランクアップ 理解を深めよう！

have a good time
を別の時制で比べてみよう

① 過去形 **I had a good time today.**
今日は楽しかったです。

② 現在進行形 **I'm having a good time today.**
今日は楽しんでいます。

③ 未来形 **I'll have a good time today.**
今日は楽しみますよ。

　have a good timeはenjoy「楽しむ」ことですが、enjoy reading「読書を楽しむ」のように具体的な目的語を用いずに使うことができます。ここでは３つの時制を使いながら、すべての文にtodayがあることに注目します。

　過去形の❶I had a good time～はパーティなどがすでに終了し、楽しんだことが過去であることを表しています。

　一方、現在進行形の❷I'm having a good time～は、楽しい時間がまだ終わっていないことを表しています。「楽しんでいますか？／パーティはどうですか？」などと聞かれたときにピッタリの答えであり、まだパーティが続いていることになります。

　さらに、未来形の❸I'll have a good time～は「まだ始まっていないけど、これから行われるパーティを楽しむつもりである」ことを意味しています。

レッスン 10

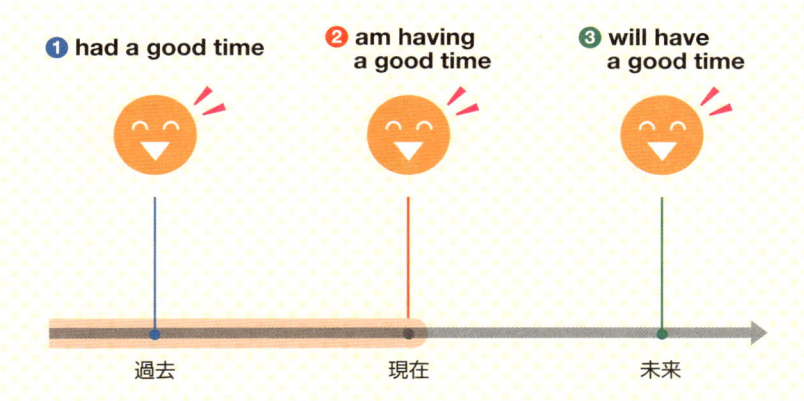

PART 2 基本の時制

① had a good time
② am having a good time
③ will have a good time

過去　　　現在　　　未来

とっさの一言

I'm trying my best to understand you.

何とかあなたを理解しようとしています。

なかなか相手の言うことや行動を理解できない場合でも、「あなたを理解しようとしている」ことを伝えたい、伝えなければならないときにはI'm trying my best to〜がぴったりです。努力する姿勢は現在進行形であり、決して諦めてはいないことをアピールできます。

レッスン 11

未来形 & 未来形

とっさのwillと意志あるbe going to

willとbe going toの違いは「意志を固めた時期」に関わると説明しましたが、ほかにも話し手の心情によってどちらを選ぶのかが決まります。

日本に来たからには和食が食べたいな…

おいしくてお手ごろな料亭を知ってるわ
I'll make reservations for everyone.
(さっそく予約しておくね)

待たれよ！

日本に来たらこの店だろ！

忍者レストラン
手裏剣のごとく料理を投げる!!

!?

単にあんたが行きたいだけでしょ！

時制を理解しよう！

I'll make reservations for everyone.

未来形

さっそく、皆さんの分を予約しましょう。

この場合の 未来形 I'll ～は「今思いついたんだけど、それでいい？」という相手への確認が込められています。話し手にやや遠慮の気持ちがあるため、もしそれを不都合に感じる人がいる場合は、提案に異議を唱えたり、断ったりすることが考えられます。強い意志を含まない分、強制の度合いは低いと考えられます。

I'm going to make reservations for everyone.

未来形

私が皆さんの分を予約しておきますよ。

未来形 のbe going to～には、この件を話す以前に、すでに「～する」気持ちや意志を固めているニュアンスがあります。「私が皆さんの分を予約することはすでに決めたことですから、異論はないですね？」という響きがあり、たとえ異論があったとしても、言われた側は反対意見を言いにくい雰囲気があります。

理解を深めよう！

lie around
を別の時制で比べてみよう

① 未来形 I'll lie around the whole day today.
今日は1日中ゴロゴロしようかな。

② 未来形 I'm going to lie around the whole day today.
今日は1日中ゴロゴロすることに決めています。

③ 現在形 I lie around the whole day on Sundays.
日曜日はいつも1日中ゴロゴロします。

　lie around「ゴロゴロする」は、時制によって、その気持ちの内容が変わってきます。未来形でもtodayを使うと「今日これから」の意味になります。❶I'll lie around〜の場合は「（まあ、何もすることがないし、ここのところ疲れているから）今日はゴロゴロしようかな」という軽い気持ちになります。

　一方同じ未来形でも❷I'm going to lie around〜は「今日はゴロゴロすると決めている」ということ。しかし、「そうはいっても、もし誰かに外出しようと言われれば、考えないこともないけど」という含みのある言い方になります。

　現在形の❸I lie around〜はon Sundaysで「日曜日はゴロゴロします」という「習慣」を表しています。

レッスン 11

習慣
❸ lie around

現在

❶ will lie around

❷ am going to lie around

※ → は意志の度合い

I'm going to pick him up tomorrow.

私が明日、迎えに行くことになっています。

　大切なクライアントが明日成田空港に到着します。すでに上司から命を受けた私は「明日は誰が迎えに行くの?」という問いに答えます。I'm going to pick him up tomorrow.「私が明日、迎えに行くことになっています」。be going to～はすでに予定が決まっていることを伝えます。

PART 2 基本の時制

レッスン 12

未来形 & 現在進行形

現在進行形は未来形より近い未来を表す

現在進行形は、ただ「現在の一時的な状況」を表すだけでなく「〜しかかっている／し始めている」という状況や、近い未来の予定を表します。

翔太！
You're getting promoted this month.
（君は今月昇進するよ！）

は!?

僕は昇進なんてしないし話ももらってないよ 一体どこでそんなこと聞いたんだ？

でも君双子座だよね？

はあ？そ、そうだけど…

ミラクルスズキの星占いはよく当たるのに…

変だな

●双子座●
トキドキ☆星占い
双子座の貴方は今月仕事運が絶好調！昇進したり、お給料がアップしたり……

全国の双子座が一斉昇進したらそれはそれで怖いだろ

時制を理解しよう！

He'll get promoted to manager.

未来形

彼はマネージャーに昇進するでしょう。

未来形 のwillは人の意志を表すときもあれば、単純な未来を表現する場合もあります。この文の中には「彼は昇進するつもりだ」という彼の気持ちを表すニュアンスは含まれていません。話し手が何らかの情報を見たり聞いたりした結果、「彼はきっと昇進するでしょう」という予測をしているニュアンスになります。

He's getting promoted to manager.

現在進行形

彼はマネージャーに昇進しますよ。

現在進行形 であっても、この文は「昇進しつつある」という動作の進行を表しているわけではありません。現在進行形 のもつ「近い未来」や「寸前の状況」を表す働きから、話し手は「彼がすぐに昇進することになっている／もうなる」ことを確信的に知っていると考えられます。裏情報をもっているのかもしれません。

理解を深めよう！

get married
を別の時制で比べてみよう

① 未来形 **They'll get married.**
彼らは結婚しますよ。

② 現在進行形 **They're getting married next month.**
彼らは来月結婚することになっています。

③ 未来形 **They're going to get married someday.**
彼らはいつか結婚することになるでしょう。

　They'll get married.「彼らは結婚する」は時制によって2人の仲のよさ、結婚の予定などが変わってきます。

　❶のThey'll get married. は、2人が結婚するという「確定した未来」を表しているわけではありません。「彼らは結婚するでしょう。それくらい仲がいいからね」と、2人の仲のよさから考えて「結婚するだろう」と言っているのです。

　そして、❷のThey're getting married. のように現在進行形を使った未来では、結婚式の段取りも何もかもすべて決まっていて「2人はもう来月には結婚するよ」という非常に近い予定を語っています。

　一方、❸の未来形They're going to〜は「彼らは（いつか）結婚する予定だよ／結婚することになるよ」という比較的遠い未来を表しています。

レッスン 12

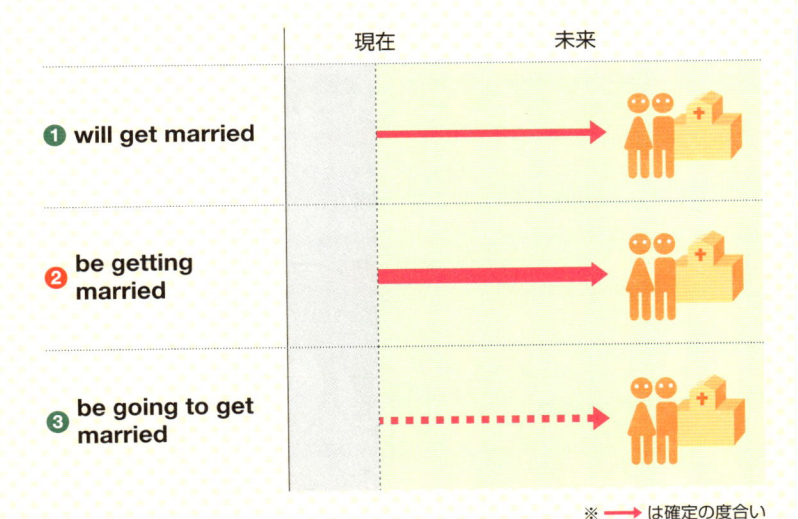

PART 2 基本の時制

	現在	未来
❶ will get married	→	
❷ be getting married	→	
❸ be going to get married	⇢	

※ → は確定の度合い

何が言いたいの？

I'm buying a new car.
新しい車を買うことにしたよ。

I will buy a new car.
新しい車を買う予定です。

現在進行形の文でも、決して自動車販売店で車を買う手続きをしているというわけではありません。現在進行形には単に「予定している」だけではなく、そうするための「準備や手はずを整えている」という意味合いがあります。対して、I will buy ～は、若干確定度が下がります。

87

レッスン 13

過去進行形 & 過去形

継続的な過去進行形とピンポイントの過去形

「過去に何かを考えた」とき、過去形か、それとも過去進行形を使うのか。実は大差はなく、どの程度考えたかで違いが出てきます。

I was thinking about moving.
（引っ越しすることを考えてたけどやめたよ）

え？なんで？いいたこ焼き屋さんを見つけたんじゃないのか？

見つけたんだけどさ…

俺があんまり毎日通うもんだから…

たこ焼き屋さんのほうがうちの近所に引っ越してきたんだよね

山口くんのために来ちゃった〜♪

よ、よかったな…というか毎日通ってたのか

時制を理解しよう！

I was thinking about moving. 過去進行形

引っ越しすることを考えていました。

過去進行形 は、過去のある時点において動作や出来事が進行していることを表していますが、文末には、（考えるには考えていたが）but I decided not to〜「でも〜しないことにした」と続くことが予想されます。また 過去進行形 には was thinking seriously about〜「について真剣に考えていた」のニュアンスがあります。

I thought about moving. 過去形

引っ越しすることを考えました。

過去のある時点での動作や出来事を表す 過去形 のこの文にも、後ろに but I decided not to〜「でも〜しないことにした」という文が続くことが想定されます。つまり、過去の時点で行った動作は thought briefly about〜「〜についてちょっと考えてみただけ」。でも実際はそのようにしないよ、というニュアンスがあります。

理解を深めよう!

think about quitting を別の時制で比べてみよう

① 過去形 **I thought about** quitting.
仕事を辞めることを考えました。

② 過去進行形 **I was thinking about** quitting.
仕事を辞めることを考えていました。

③ 未来形 **I'll think about** quitting.
仕事を辞めることを考えようと思います。

　think「思う」を過去形のthoughtにすると「思っただけ」という印象を与えそうです。

　過去形の❶I thought about quitting.「仕事を辞めようと思った」は「過去のある時点で、一時的に辞めようと思ったが、実際は辞めなかった」の意味になります。

　また過去進行形の❷I was thinking about quitting. は「過去のある時期、辞めようと思ってはいたが、結局辞めなかった」の意味になり、思っていた期間は違えど、結局同じ意味になります。

　一方、未来形の❸I'll think about quitting.は「辞めることでも考えてみようかな」という意味合いで、強く心に決めたりするイメージはありません。「考えようと思う」という日本語がしっくりきます。

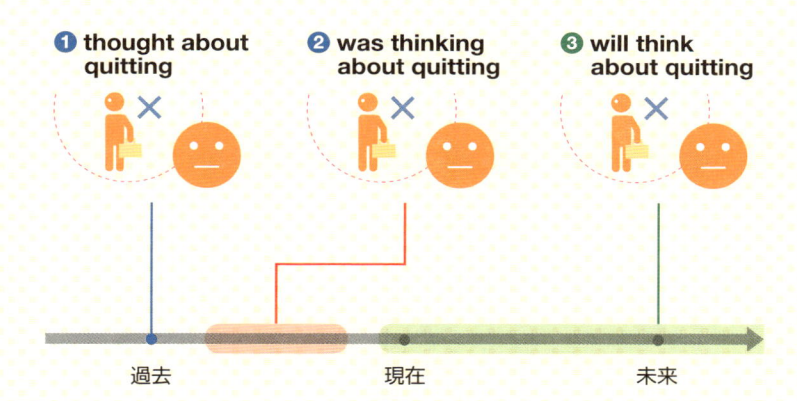

レッスン 13

PART 2 基本の時制

❶ thought about quitting
❷ was thinking about quitting
❸ will think about quitting

過去　現在　未来

Quiz

本気度が高いのはどっち？

① I think about being an actress.
② I'm thinking about being an actress.

「女優になろうと思っている」と言うのも思うのも自由です。同じ「思っている」でも現在形thinkの場合は、思ってはいるけど、とくにそのために何かをしているわけではありません。一方、現在進行形の②では、それなりに準備をしていることを表しています。　［答え］ ②

レッスン 14

未来形 & 未来進行形

Will you～？は
強い依頼か打診か

未来形の疑問文 Will you～？は使い方がむずかしい文です。「～している最中だろうか？」の未来進行形と比べながら、使い方をみてみましょう。

Will you be leaving right away?
（すぐ出発するかい？）

待ってください
兄さんが何か
渡したいものがあるって…

チャーリー！

プールに行くなら
これを持っていけ！

バタ
バタ

水とんの術用
水ぐもの術用

Will you leave right away?
（ただちに出発していただけますか？）

チャーリィィ

OK

時制を理解しよう!

Will you leave right away?

未来形

ただちに出発していただけますか？

未来形 で主語がyouのWill you〜？は意志を尋ねるよりも、むしろ「〜していただけますか」という依頼として、聞き手に受け取られる可能性が高い疑問文です。純粋に相手の意志や予定を尋ねたいときには、ネイティブは誤解を避けるためにWill you〜？ではなく、Are you going to〜？を使う傾向にあります。

Will you be leaving right away?

未来進行形

すぐに出発しますか？

未来形 の疑問文のWill you〜？が依頼文と受け取られることを避けたい場合Are you going to〜？を使うと説明しましたが、ほかにWill you be〜ing？を使った聞き方をすることができます。それが上の例文ですが、この 未来進行形 はネイティブにとっては「相手の意志や予定を強く意識しない」自然で丁寧な問いかけであると感じられます。

理解を深めよう！

rain tomorrow
を別の時制で比べてみよう

① 未来形 **Will it rain tomorrow?**
明日は雨が降りますか？

② 未来進行形 **Will it be raining tomorrow?**
明日は雨が降っていると思いますか？

③ 未来形 **Is it going to rain tomorrow?**
明日も雨が降るでしょうか？

　明日の天気予報を尋ねるのは、もちろん未来形になるわけですが、ネイティブは発言者の気持ちや相手の状況によって、無意識に未来形を選んで使っています。

　❶Will it rain tomorrow? は実はあまり使われる表現ではありません。相手に専門知識がある場合やYes かNoの返事を明確に求められる場合に使われる言い回しになります。

　また❶に加え、未来進行形❷Will it be raining tomorrow? は、たとえば「明日15時からテニスをやるんだけど、そのときに雨が降りますかね？」というように、何かをしている最中に雨が降るかどうかを尋ねる言い回しになります。

　一方、別の未来形❸Is it going to rain tomorrow?はネイティブにとっては、よくあるあいさつの一つです。とくに相手に知識があるか、専門家であるかは無関係で、相手から答えを引き出したいと思っているわけでもありません。

レッスン 14

❶ will rain

❷ will be raining

❸ is going to rain

※ 上記は会話イメージ

とっさの一言

Will you or won't you?

やるの？ それともやらないの？

　依頼表現のWill you～？、誘う表現のWon't you～？も元をただせば「するつもりがあるのか」「するつもりはないのか」のように「意志」を問う表現。煮え切らずに曖昧な態度をとる人に対して、イライラしたときに使うのがこれ。「いったいどっちなんだ！」仲間内の表現です。

PART 2 基本の時制

日常会話に登場する時制

「今が一番幸せ」をさまざまな時制で表してみます。身近な言葉が、時制を変えても、同じように表現できることがわかります。

I've never been happier than I am now.
今ほど幸せであったときはなかったわ。

現在の幸せを表現するI am happy now. と、今までこれ以上に幸せだったことはなかったという経験（I have never been happier.）を比較して最上級の現在の幸せを表しています。

You've made me the happiest woman in the world.
あなたが私を世界一幸せな女性にしてくれました。

makeは「〜させる」という使役動詞ですが、感情の使役動詞とも言われています。You've made me〜は、過去の時点から現在に至るまで、「私」をthe happiest womanにしてくれました、ということ。

I'm the happiest woman in the world.
世界で一番幸せな女性です。

現在形でストレートに表した最上級のこの文は、他人や今までの自分の過去や未来と比較することを念頭に入れず、シンプルに最高の幸せを表しています。

I have never and will never be so happy as I am now.
今の私ほど幸せだったときも、これから幸せになることもないでしょう。

この文は比較級not so〜asで最上級を表しています。過去に今ほど幸せだったときはなく、未来で今以上に幸せになることはないだろうという意味になります。

PART 3
使いこなしたい！
上級の時制

日本人がつまづきやすい完了形や完了進行形など、ちょっと上級の時制へ進んでいきます。それぞれの時制の使い方を学びつつ、ネイティブの感覚を取り入れましょう。

レッスン **1**

過去形 & **過去完了形**

過去について考えるときは起点が必須！

過去完了形か過去形のどちらかで「彼と2日前に会った」と表現するとき、話し手がどの時を起点にしたかで違ってきます。

長いこと島田と連絡が取れない…

怒りすぎたか…

I saw him two days ago.
（彼2日前に見ましたよ？）
街中でうろうろしてました

I had seen him two days before.
（俺はその2日前に見ましたよ）
変な動きをしてました

フラ〜…
おはようございまーす

近所で謎の生物の目撃情報があったんで探してました〜

みつかりませんでしたけど

私にとっては君が謎の生物だ…

島田!?
お前今までどこへ…!

お手上げだよ…

時制を理解しよう!

I saw him two days ago.
過去形

彼を2日前に見ました。

過去形の文は単独で使うことができます。「彼を見た」のように過去の時点での動作を表すのが過去形で、現在との繋がりはなく、その時点での出来事として処理されます。この場合、過去形の「〜前」を表すのはbeforeではなくagoです。two days agoは現在を起点とした「2日前」です。agoはbeforeのように単独では使いません。

I had seen him two days before.
過去完了形

彼をその2日前に見ました。

過去の時点より以前のことを表すのが過去完了形の文ですが、実は単独で使うことはありません。ほかに繋げる文章が必要になります。たとえばこのbeforeの後にHe went to China.「彼は中国へ行った」という文があれば、彼が中国に行った時点より2日前に会ったということになります。前後の文に注意が必要です。

ワンランクアップ 理解を深めよう！

leave my kids
を別の時制で比べてみよう

① 過去未来形
I was going to leave my kids at home today.
今日は子どもを家に置いていくつもりでした。

② 過去進行形
I was thinking about leaving my kids at home today.
今日は子どもを家に置いていこうと考えていました。

③ 過去形
I thought about leaving my kids at home today.
今日は子どもを家に置いていこうと考えました。

　出かけるときに子どもを家に置いていこうと考えたけど、結局連れて来た、という経緯を話すときには「置いていくつもりだったんだけどね…」と話すでしょう。このような過去未来形の❶I was going to～では「～するつもりだったけど、結局…しなかった」という気持ちを表します（➡P102）。ネイティブがこう言う場合には、置いていこうと思った気持ちがかなり強く、ほぼ80％の確率で考えていたことを表します。

　一方、過去進行形の❷I was thinking about～は同様に「考えてはいたけど結局置いていかなかった」ことを表しますが、置いていこうと思った気持ちは過去未来形ほど強くなく、連れていこうと思う気持ちもあったというニュアンスを表します。

　また過去形の❸I thought about～は、「思ったことは思ったけど…」いう、かなり消極的な気持ちを表します。

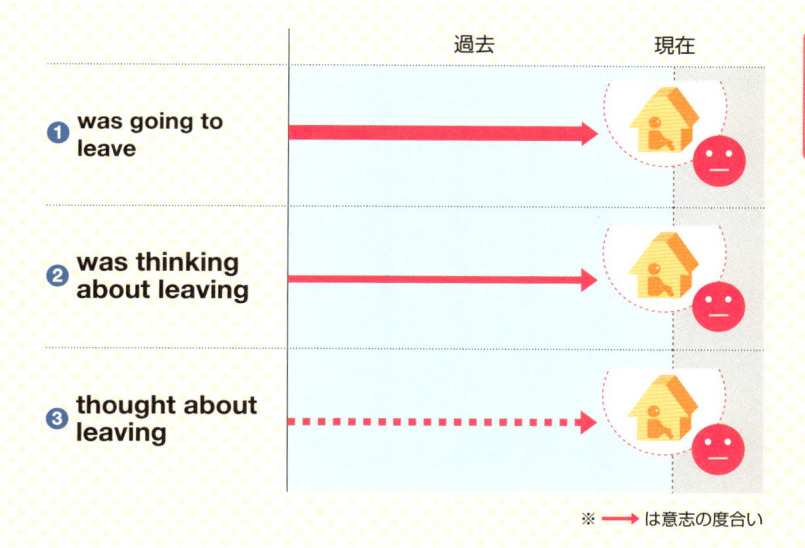

レッスン 1

PART 3 上級の時制

	過去	現在
① was going to leave	→	
② was thinking about leaving	→	
③ thought about leaving	⇢	

※ → は意志の度合い

とっさの一言

I was just thinking about calling you!

今ちょうど電話しようとしたところ！

電話をかけなければと思いながらついつい先延ばしにしてしまうことがあります。そんなときに相手からかかってきた電話に出たときの一言です。「かけようと思っていた」にjustを入れることで「今まさに」というニュアンスがしっかりと出せます。

レッスン **2**

過去未来形 & 過去進行形

「過去の予定」は実現したか、しなかったか

「〜しようと思っていた」という過去の予定は過去未来形や過去進行形で表すことができます。結果的に実現したのかしなかったのかは時制で表せます。

I was going to go on a diet.
（今年はダイエットをするつもりだったんだけど…）
やめたわ

どうして？
ヨガしたり
ダイエットグッズ
買い込んでたじゃない

だって

※ぺこみち君が
ふくよかな
女の子がいいって
言ってたから！

へっ！
またぺこみちか…！

※当シリーズ
形容詞・副詞参照

あっそ…

時制を理解しよう！

I was going to go on a diet.

過去未来形

今年、ダイエットをする**つもりでした**。

過去未来形 was going to〜は「〜するつもりだった」という過去のある時点における「未来の予定／計画」を表しています。その計画のために準備をするなどの何らかの動きがあったことが、**過去未来形** からうかがえます。過去の時点で完結する **過去未来形** は、「実現することなく終わった」と計画だけであったことを意味します。

I was thinking about going on a diet.

過去進行形

今年、ダイエットを始めることを**考えていました**。

過去進行形 は、過去の時点である動作や状況が進行していることを表していますが、現在との繋がりはありません。この場合の was thinking about〜 は、「ダイエットを始めることを考えていたが、結局、実行はしていない」ことを表しています。計画を進めたり、そのために動いていたことを話しているわけではありません。

PART 3 上級の時制

理解を深めよう！

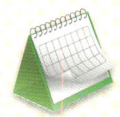

use this computer を別の時制で比べてみよう

① 未来完了形
I'll have used this computer for seven years next week.

来週で、このパソコンを７年使ったことになります。

② 未来形
I'll use this computer for seven years.

このパソコンを７年は使います。

③ 未来形
I'm going to use this computer for seven years.

このパソコンを７年は使うことにします。

　パソコンを前にした状況を考えるとわかりやすいかもしれません。未来完了形の❶ I'll have used this computer ～は過去から使い始めて、現在を経て、来週で７年の使用期間になることを意味しています。

　未来形の❷ I'll use this computer ～は、新しいパソコンを与えられて、軽い気持ちで「わかりました。このパソコンを７年は使います」と言っているニュアンスがあります。未来形の文なので、「これから」を表しています。

　一方、同じ未来形でも will ～ではなくて、❸ be going to ～であれば「何らかの事情」があって、「わかりました、このパソコンを７年は使うことにします」と言っているニュアンスがあります。

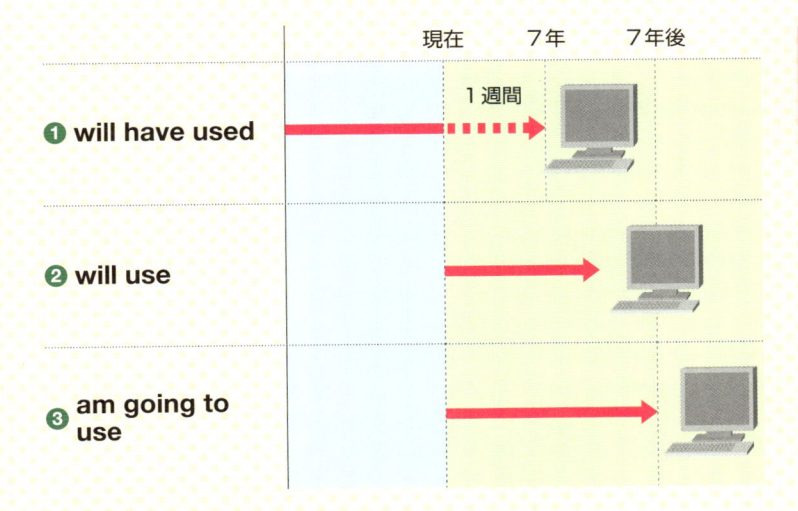

レッスン 2

PART 3 上級の時制

	現在	7年	7年後
❶ will have used		1週間	
❷ will use			
❸ am going to use			

何が言いたいの？

I'll work as a system engineer for three years.
私はシステムエンジニアとして3年間働きます。

I'll have worked as a system engineer for three years next week.
来週で3年間システムエンジニアとして働いたことになります。

就職の面接、とりわけシステムエンジニアのような技術畑で自分を売り込む際に必要なのは「経験値」です。上の文は「これから3年は働く」という「心意気」を表しますが、経験値は未知数です。下の文は「3年の経験」を未来完了形でアピールしています。

レッスン 3

未来形 & 未来完了形

「いつまで続くのか」を基準に未来形を考える

未来完了形と未来形を考える場合、両方とも未来のある時点までの継続を考慮しています。ただひとつ違うのは「起点」です。

将来のコト考えなきゃなぁ

何か夢ある？

そうね

I'll work here for five years.
（5年間はここで働くつもりよ）

でもそのあとは海外に行きたいのよね

ケイトは将来どうするの？

そうね…

いつかは結婚…かな？

あーはいはいごちそうさま

時制を理解しよう！

I'll work here for five years.

未来形

私はここで5年間働きます。

未来形 の短縮形 I'll 〜 は、「〜することになっている」のように、明確な未来の予定や意志を表してはいませんが、「現時点で考えている未来の意志」を述べるときに使います。未来形 とは現在を起点にした未来のことを述べるときに使い「現在の時点で、そこでこれから5年間働く意志をもっている」という意味になります。

I'll have worked here for five years next week.

未来完了形

来週で5年間ここで働いたことになります。

未来完了形 ＜will＋have＋過去分詞＞のこの文は、「私」が過去のある時点から、そこで働き始め、現在を経て、来週という未来のある時点まで働くことを意味しています。ここでは、（過去から計算して）私が働く年数は来週という未来の時点でちょうど「5年間」for five years になることを表します。

PART3 上級の時制

ワンランクアップ 理解を深めよう!

leave Hakata
を別の時制で比べてみよう

① 過去完了形 I **had left** Hakata three weeks before the party.

パーティの3週間前には博多を離れていました。

② 過去形 I **left** Hakata three weeks before the party.

パーティの3週間前に博多を離れました。

③ 過去形 I **left** Hakata three weeks ago.

3週間前に博多を離れました。

「〜前に」という場合、beforeは単独ではなく「〜する前に／〜の前に」のように、文あるいは語（句）が必要になります。❶であれば過去の時点の「パーティの前にすでに博多を離れていた」ということなので、過去より前の「過去完了」で表します。

それでは❷の文とはどう違うのでしょうか。実はネイティブはこのように過去の時点、それ以前の話のように厳密にこの時制を区別することはあまりありません。このパターンの過去完了だとずいぶん昔の話を聞いているように感じてしまいます。それで通常であれば、過去形の❸I left Hakata 〜の形を選ぶことが多くなります。

「前」を表すagoは現時点から数えての3週間前のこと。agoには必ず時を表す語句が必要になり、単独では使えないことをもう一度確認しておきましょう。

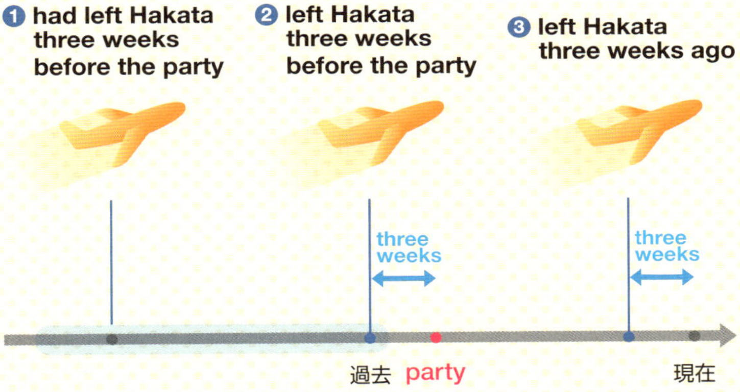

レッスン 3

PART 3 上級の時制

① had left Hakata three weeks before the party
② left Hakata three weeks before the party
③ left Hakata three weeks ago

過去 — party — 現在
three weeks / three weeks

とっさの一言

We used to hang out in Shibuya.

よく渋谷でたむろしたものです。

過去形 We hung out in Shibuya.「渋谷でたむろした」は、過去のある時点でその行動があったことを意味します。used to〜は「よく〜したものだ」のように「過去の習慣」を表す助動詞で、過去に頻繁に行っていたが、現在ではその習慣はすでにないことを表します。

レッスン 4

現在完了形 & 現在完了形

「経験」「継続」「完了」の判断はキーワードから！

完了形は「経験」「継続」「完了／結果」を表せるため、ひとつの文がその3通りに解釈される可能性があります。その誤解をなくすためには？

翔太のお父さんに会ってみたいな

My father has lived in Poland since last year.
（父さんは昨年からポーランドに住んでるよ）

いろんな国を飛び回ってるんだよね？

このありさまだよ

そうなんだ 行く先々でお土産を送ってくるから…

異国気分というより異界だねこれは…

時制を理解しよう!

I've lived in Poland before. 現在完了形

以前ポーランドに住んだことがあります。

現在完了形 のI've lived in Poland. は、「経験」なのか、今でも住んでいる「継続」なのか判断がつきかねます。誤解を避けるためのポイントはbeforeやonceなどのキーワードです。また、自分の経験を語る場合にI've〜ではなくI have〜と言うと、自慢している／いばっているようなイメージになるため、ネイティブは無意識に避けています。

My father has lived in Poland since last year. 現在完了形

私の父は昨年からポーランドに住んでいます。

同じく 現在完了形 の文にsince last year「昨年から（現在まで）」など、「過去のある時点から」のような語句をつけることで「継続」が表せます。またfor one month「1カ月間」のように期間を表す語句も「継続」を表すキーワードです。このキーワードからネイティブはこれらの文が過去からの「継続」であると考えます。

PART 3 上級の時制

ワンランクアップ 理解を深めよう！

solve this problem を別の時制で比べてみよう

① 現在完了形 We've solved this problem before.
以前この問題を解決したことがあります。

② 現在完了形 We've just solved this problem.
ちょうど、この問題を解決したところです。

③ 過去形 We already solved this problem.
この問題は解決ずみです。

　❶、❷と現在完了形の2文がありますが、それぞれ使い方が違います。We've solved this problem before.のように、現在完了形の文にbeforeがついている場合は「この問題を以前解決したことがある」という「経験」を表します。

　また同じ現在完了形の文でありながら、just「ちょうど」がついている❷のときは、過去に起きた問題を解決しようとしてきた作業が今「ちょうど終わった」➡「ちょうど解決し終えたところです」という「完了」を表します。

　一方、過去形の❸ We already solved this problem.であれば、単に「この問題はすでに解決ずみです」という過去の出来事を語っています。当然ながら、そこには経験の意味も完了の意味もありません。What about this problem?「この問題はどうしたの？」と尋ねられて「はい、解決ずみです」と言っているニュアンスです。

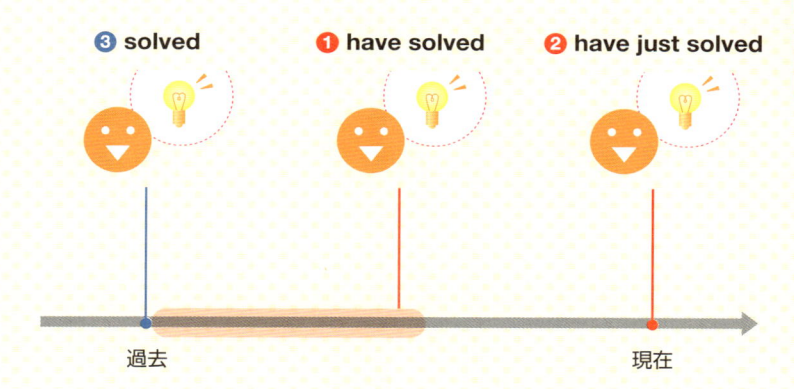

レッスン 4

❸ solved　　**❶ have solved**　　**❷ have just solved**

過去　　　　　　　　　　　　　　　　現在

PART 3 上級の時制

とっさの一言

Haven't we met before?

以前にお会いしませんでしたか？

　以前会ったなと思う人にかける一言は現在完了形を使います。Have we met before?「どこかでお会いしましたか？」もOKですが、会った確信の度合いが低い場合に使います。もしYes.ならYes, I think so.で、No.ならNo, I don't think so.のように答えます。

レッスン **5**

現在完了形 & 現在完了形

完了形の微妙なニュアンスを副詞で伝える

経験・継続以外の現在完了形のもうひとつの意味に「完了（結果）」があります。ここでは疑問文や否定文にする場合のポイントもチェックしておきます。

I haven't finished my homework.
（まだ宿題が終わってないわ）
もうだめだ…

ふう　もう10時か
I've just finished my homework.
（ちょうど宿題が終わった）

ピンチなの！
助けて！

ここで助けたら
葵のためにならない…
でも…

甘やかす　葵の将来

ふぉお　ふぉお

どっちが
本当にピンチか
わからないな…

←ジョンの友人

時制を理解しよう！

I haven't finished my homework.

現在完了形

まだ宿題が終わっていません。

現在完了形の否定文は、「まだ〜（完了）していない」を表します。ずっとやっていた宿題がもう少しで終わりそうなニュアンスがあります。しかし、I haven't finished my homework yet. のように文末に副詞yetを入れてnot 〜yet「まだ〜でない」にすると「もう終わらないかも」と諦めている可能性があることを示唆しています。

I've just finished my homework.

現在完了形

ちょうど宿題が終わりました。

〜have just finishedのように現在完了形の「完了」を表す場合、副詞justを入れることで「〜したばかり」であることを表し、やるべきことは宿題だけで、それが「完了した」というイメージがあります。I just finished my homework. のように過去形では「宿題は終わったけど、実はまだ終わっていないことがある」のニュアンスに。

PART3 上級の時制

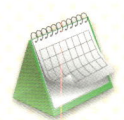

ワンランクアップ 理解を深めよう！

start this project
を副詞の違いで比べてみよう

① 現在完了形 **We've just started this project.**
このプロジェクトをちょうどスタートしました。

② 現在完了形 **We haven't started this project yet.**
このプロジェクトはまだスタートしていません。

③ 現在完了形 **Have you started this project already?**
このプロジェクトはもうスタートしましたか？

「プロジェクトはどうなっているのか、始まっているのか、それともまだ始まっていないのか？」というような状況を語る場合には、現在完了形の「完了」がぴったりです。

❶We've just started〜はjustからわかるように、今まさにプロジェクトがスタートした（現在進行中である）ことを表します。現在完了形の「完了」を表すキーワードのもうひとつがalreadyです。「もうスタートした」ことを示します。

まだスタートしていなければ、❷We haven't started〜yet.のように否定文の文末にyetをつけ、「まだ〜していません」の形にします。

❸「もうスタートしたのか？」と疑問文を作る場合にalreadyを使いますが、その場合は文末に置くことになります。英語のキーワードは、just / not〜yet/alreadyで、日本語としては「ちょうど／まだ／すでに」ということを表します。

レッスン 5

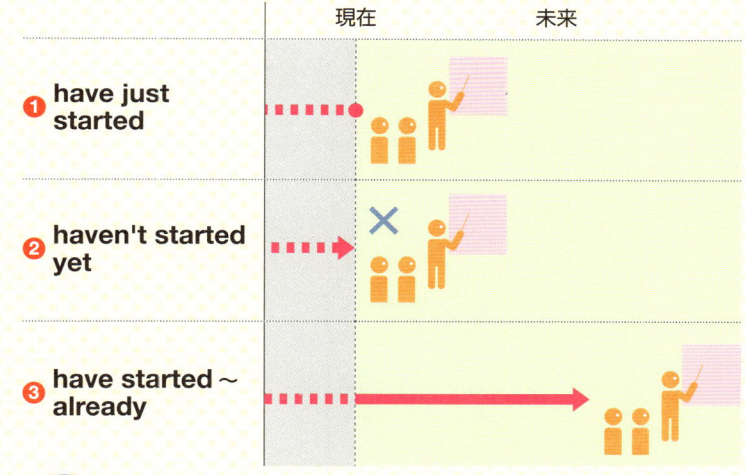

PART 3 上級の時制

	現在	未来
❶ have just started	●	
❷ haven't started yet	✕	
❸ have started 〜 already	──────────────→	

Quiz

この yet の意味はどっち？

I haven't decided yet.

① まだ　② もう

現在完了形の「完了」に使われる yet は、否定文で使われる場合は「まだ決定していない」➡「まだ〜でない」の意味です。また Have you decided yet? のように疑問文であれば「もう決心しましたか？」➡「もう」になります。

［答え］　①

レッスン 6

現在完了形 & 現在進行形

現時点で完了したこと、しかかっていること

駅のホームで電車を待っているときにようやく電車が姿を見せます。近づいた電車はようやくホームに停車。この流れを時制で考えてみましょう。

父さんが帰国するなんて奇跡だよ

ついに君のお父さんに会えるんだね！

東京駅

翔太と葵を足したような人かな…

あっ
The 5:30 train has arrived.
（5時30分発の電車が到着したよ！）

父さん 彼がマイクだよ

やあ！

OH! 予想GUY!!

時制を理解しよう!

The 5:30 train has arrived.

現在完了形

5時30分発の電車が到着しました。

現在完了形 では、過去のある時点から始まった動作や状況が現在に繋がっていることを表しています。「過去の時点から走り続けている5時30分発の電車が今、到着した」ことになり、現時点での「完了」を意味します。過去形 のarrivedでは、今到着したのか、ずっと以前に到着したのか、現在との関わりが不明です。

The 5:30 train is arriving now.

現在進行形

5時30分発の電車が到着します。

現在進行形 は、ある動作や状態が現在の時点で進行していることを表しますが、またその動作や状態が「しかかっている／しつつある」の意味にもなります。この文ではまさにその電車が到着しかかっている状態を表しています。またleaveを使ったI'm leaving.「行ってきます！」は「離れつつある」「離れるところだ」の意味になります。

理解を深めよう！

the movie starts を別の時制で比べてみよう

① 現在完了形 **The movie has started.**
映画が始まりました。

② 現在進行形 **The movie is starting now.**
映画は今始まるところです。

③ 未来形 **The movie is going to start soon.**
映画はまもなく始まります。

　現在完了形の❶The movie has started.はすでに映画が始まってしまっていることを表しますが、「ずっと前に始まってしまった」というイメージはありません。justなどの副詞がなくても、そう遠い過去を表しているわけではありません。

　一方、現在進行形の❷The movie is starting now.は、「今映画が始まるところです」という「まさに始まりかかっている状態」を表します。ちょうど画面が明るくなって広告が映し出されているのかもしれません。

　また未来形の❸The movie is going to start soon.は、soon「まもなく／すぐに」の意味を含んでいます。映画館の座席に友人と座り、時計を見て、始まる時刻を「今か今か」と待ちわびて話しているイメージです。

レッスン6

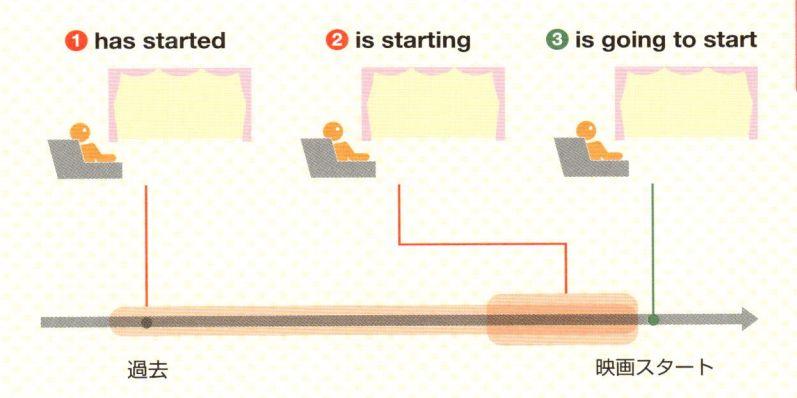

PART 3 上級の時制

❶ has started ❷ is starting ❸ is going to start

過去　　　　　　　　　　　映画スタート

とっさの一言

I'm attaching this file just in case.

念のためこちらのファイルを添付します。

「今書いているメールとともに添付ファイルを送付する」は、まさにその添付ファイルを送るという動作や状況が「〜しつつある」ことを表しています。メールが欠くことのできないツールである現代、このように現在進行形を上手に使って現在の状況を表しましょう。

レッスン 7

現在完了形 & 現在完了形

完了形には「結果」の要素も含まれる

現在完了形の「完了」には「結果」の要素が含まれています。「結果」とは過去の時点で起きたことが現時点に影響をもっていることを意味します。

父さんがポーランドから帰ってきたんです

I have been to Poland.
（私も行ったことあるわポーランド）

でも国民にゆで卵好きが多いってことしか覚えてないわね…

ゆで卵!?
いやあの…
有名な建造物とかないんですか？

うーん…

ゆで卵食べてる姿しか思い出せない…

うぅ…

どんな国なんだポーランド…

時制を理解しよう!

He has been to Poland. 現在完了形

彼はポーランドに行ったことがあります。

「経験」を述べるときに使われるのが 現在完了形 ですが、「行ったことがある」を表すのはhave been to〜となります。「行ったことがある」というのは、一度以上その場所に足を踏み入れ、再び出発地点に帰ってきて、すでにその地にはいないことを表します。その場に一時的に留まったので、beで「その場所にいた」ことを表します。

He has gone to Poland. 現在完了形

彼はポーランドに行ってしまいました。

現在完了形 の＜has + gone to〜＞は「行ってしまった（だから今はここにはいない）」という、ある行為の「結果」を表します。I've finished〜のような完了を表すのではなく、過去に行ってしまった事実が、現在もなお、完了せずに続いていることを表しています。この文の主語は、詩や文学以外では、必ず三人称になります。

PART 3 上級の時制

理解を深めよう！

be (go) to Canada を別の時制で比べてみよう

① 現在完了形 **He has been to Canada.**
彼はカナダに行ったことがあります。

② 現在完了形 **He has gone to Canada.**
彼はカナダに行ってしまいました。

③ 現在形 **He's gone to Canada.**
彼はカナダに行ってしまいました（もう二度と戻りません）。

　現在完了形の経験と完了・結果を比較する意味で使われるのが、has been to〜と has gone to〜です。「経験」を表すbeenは一度以上「その地に存在した」ことを意味しているので、「〜へ行ったことがある」もしくは「今はここにいる」という場合は❶has been to〜で表すことができます。

　一方「行ってしまって、今はここにいない」という「結果」を表すのが❷has gone to〜です。もう二度と戻らないということを示唆するのではなく、「今はここにいない」ことを表しています。

　また❸のようにHe's gone. という言い回しもありますが、これはHe has gone. ではなくHe is gone. のこと。goneはgoの過去分詞ですが、「過ぎ去った／いなくなった」という意味をもつ形容詞でもあります。He's gone. の場合は「行ってしまった」とともに「もう二度と戻ってこない」ことを意味しています。

レッスン 7

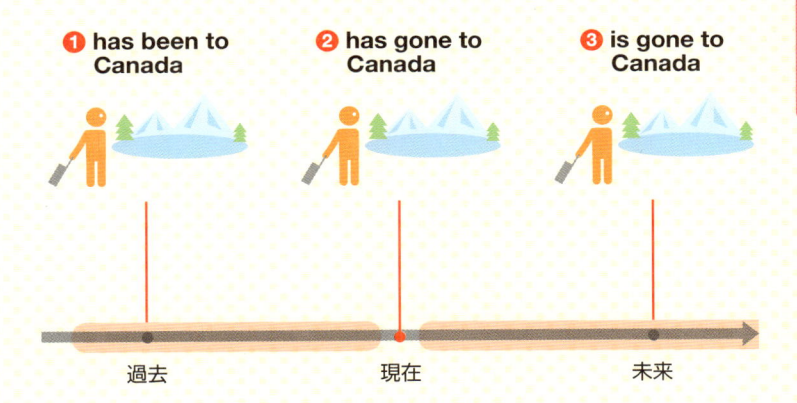

PART 3 上級の時制

❶ has been to Canada
❷ has gone to Canada
❸ is gone to Canada

過去　　現在　　未来

Quiz

彼はどこに行った？

He has gone to a better place.

① 亡くなった　② 隠居生活に入った

経験を表す has been to〜と違い、has gone to〜はもうここにはいないことを表します。「今よりもっとよいところ」a better place は「天国」のことです。直接「死」には言及せず、婉曲な表現を使うのは日本と同じです。

［答え］　①

レッスン 8

現在完了進行形 & 現在進行形

「今」を表す現在進行形、「継続」を表す現在完了進行形

進行形とは、ある時点である動作が進行していることですが、2つの進行形の違いは現在だけではなく過去を含んでいるのかどうかにあります。

朝食の時間だよ…って
Are you playing igo?
(囲碁を打ってるの?)

教えたら気に入ってくれたみたいでね

あれ?チャーリー君何か顔色悪くない?

おっ?気づけば10時間ぶっ通しでやっていたよ

You've been playing igo since last night!?
(昨日の夜から打ってたの!?)

時制を理解しよう！

Have you been playing igo?

現在完了進行形

ずっと囲碁をしているの？

現在完了進行形 のこの文は、過去の時点から現在の時点まで「ずっと囲碁をしている」動作が継続して進行中であるかどうかを尋ねる疑問文です。この質問に答えるときは、We've been playing igo for three hours.「もう3時間も囲碁をやっている」のようにforやsince を使って具体的に時間や期間を表します。

Are you playing igo?

現在進行形

囲碁をしているの？

現在進行形 の文は、現在完了進行形 の文が過去の時間を含みながら、現在と繋がっているのに対し、ある動作や状態が現在進行しているという一時的な状況を表しています。そのため 現在進行形 は過去は含まず、「ずっと」の意味はありません。「いま何をしているの？」と現在の状況を聞かれた場合は 現在進行形 で答えます。

PART 3 上級の時制

理解を深めよう！

bake bread
を別の時制で比べてみよう

① 現在完了進行形 **Have you been baking bread?**
ずっとパンを焼いているのですか？

② 現在進行形 **Are you baking bread?**
パンを焼いているのですか？

③ 現在完了形 **Have you ever baked bread?**
パンを焼いたことはありますか？

　❶の現在完了進行形は過去の時点で始まった動作が現在、なおも継続していることを表します。この場合、「ずっとパンを焼いているんですか？」という動作の継続を尋ねています。

　また現在進行形の❷Are you baking bread? は現在の時点で「パンを焼く」という動作が進行しているかどうかを尋ねています。2文とも現時点での「しているかどうか」を尋ねる問いですが、現在完了進行形では過去との関わりを表し、現在進行形は現時点での状況を尋ねることになります。

　一方、現在完了形の疑問文❸Have you ever～? は「経験」を尋ねる文です。この場合は「パンを焼いたことはありますか？」と尋ねていて、これまでに経験があればYes, I have once.のように回数がキーワードに、未経験ならばNo, I've never tried that before.でneverがキーワードになります。

レッスン 9

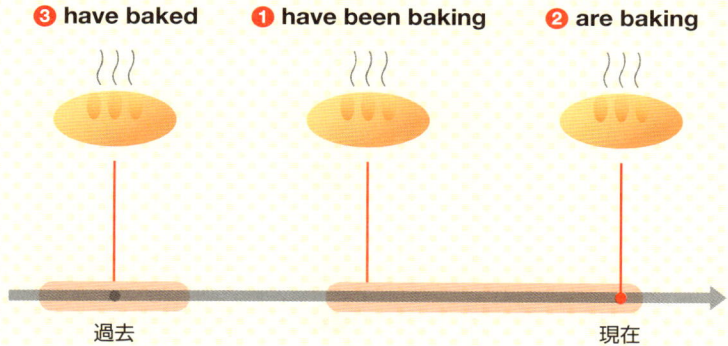

❸ have baked　❶ have been baking　❷ are baking

過去　　　　　　　　　　　　　　　　　現在

PART 3 上級の時制

何が言いたいの？

Have you been playing tennis?
ずっとテニスをしているの？

Have you been playing tennis for a long time?
テニスは長い間やっているの？

　青空の下、ベンチで汗を流しているグループにかけられる一言です。Have you been playing tennis?「ずっとテニスしているの？」。またテニス好きの友人にはHave you been playing tennis for a long time?「テニスは長い間やっているの？」とも聞けます。

現在完了形 & 現在完了進行形

その動作は完了したのか、継続しているのか

現在完了進行形は、ある動作が過去から現在まで継続して進行していることを表しますが、同じ文でも時制を変えた現在完了との比較を考えます。

I've worked in Poland for a year.
（この1年はポーランドで働いてきたんだ）

次はどこに行くんですか？

次はアリゾナ州のアホ（Ajo）かな

いま私の悪口言った！？

アホって！

言ってないよ…

こういう時すばやいね…

時制を理解しよう!

I've worked in Poland for a year.

現在完了形

私はこの1年ポーランドで働いてきました。

現在完了形 では過去の時点からある動作が始まります。始点を表すのならI started working in Poland five years ago.「5年前にポーランドで働き始めた」でよいですが、今回の例文では「過去から1年間継続した働くという動作が現在をもって完了した」という意味に。話し手は、完了した時点が現在であることを強調しています。

I have been working in Poland for a year.

現在完了進行形

私はこの1年ポーランドで働いています。

現在完了進行形 の文は、完了を表す 現在完了形 の文と違い、「ポーランドで働く」という過去から始まった動作が現時点で今なお進行しながら、未来へと繋がっていくことを示しています。たとえばIt's been raining since last Monday. は「先週の月曜日から雨が降り続いている」になり、なお降り続きそうだということを示唆しています。

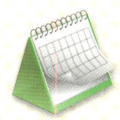

ワンランクアップ 理解を深めよう!

work as an English teacher を別の時制で比べてみよう

①現在完了形 I've worked as an English teacher for 13 years.
私は13年間英語の教師として働いてきました。

②現在完了進行形 I've been working as an English teacher for 13 years.
私は13年間英語の教師として働いています。

③過去形 I worked as an English teacher for 13 years.
私は13年間英語の教師として働きました。

　現在完了形の❶I've worked as an English teacher〜は「13年前から英語の教師をしてきたが、それが終わります」という13年間の完了を意味しています。

　また現在完了進行形の❷I've been working as an English teacher〜は同じく13年前に英語の教師として働き始め、今なお、教師を続けていることを表しています。英語教師として働いているキャリアを継続中でそれが将来も続くことを示しています。

　過去形の❸I worked as an English teacher〜もほかの2文と共通して13年間英語教師として働いてきたキャリアがあることを表しています。しかし、その13年間のキャリアは過去のある時点で終了しており、現時点とは何の関わりもないことを表しています。それが1年前に終了したのか、20年前に終了したのかは不明です。

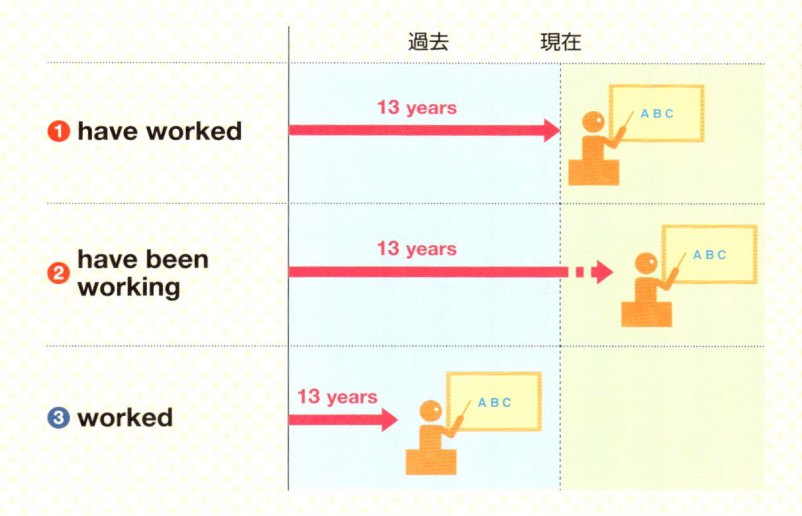

レッスン9

	過去	現在
❶ have worked	13 years →	ABC
❷ have been working	13 years ⇢	ABC
❸ worked	13 years →	ABC

PART3 上級の時制

This problem has gotten out of control.

この問題は手に負えなくなってきました。

has / have gotten は has / have become を自然な形に変えた現在完了形の文「〜になってきた」の意味。「過去のある時点から次第に手に負えなくなって（out of control）きて今に至っている」の意味で、その状況は完了しておらず、続くことを示唆しています。

レッスン 10 — 未来完了形 & 未来進行形

未来の状態によって時制が決まる！

同じ未来であっても、継続してきた動作が、未来のある時点でどのような状態になっているのかによって、時制を変えなければなりません。

18時にお前の会社の近くでご飯を食べよう

わかった
I'll have finished my work by the time you get here.
（父さんが来るまでに仕事を終えておくよ）

どのお店がい…

あ〜っ！

これ今日納期だった！

またお前は！仕方ない山田に頼んで手伝ってもらえ！

せんぱ〜い

ごめん父さん…仕事だいぶかかりそうなんだ

時制を理解しよう!

I'll have finished my work by the time you get here.
未来完了形

あなたが来るまでに仕事を終えておきますね。

未来完了形 は文字どおり未来を表すwillに「完了」の意味が加わったものです。この文の場合、by the time you get here「あなたが来るまでに」という未来の時点で「仕事をする」という継続した動作がすでにhave finished「完了する」ことを意味しています。**未来完了形** の文では未来における「完了」に焦点が当たります。

I'll be finishing my work when you get here.
未来進行形

あなたが来るときには、仕事の最後の部分に取りかかっているでしょう。

未来進行形 の文は、「あなたが来る」未来の時点で「仕事の最後の部分をやる」という動作が進行しているだろうという意味。finishは「あと一歩のところまでこぎつける」の意味です。また、I'll be arriving at Narita Airport at noon.「正午には成田空港に到着することになっている」のように「～することになっている」という確実な予定も表します。

PART 3 上級の時制

理解を深めよう!

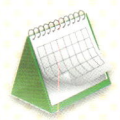

try for a long time
を別の時制で比べてみよう

① 現在完了形 I've tried for a long time to write a novel.

長い間小説を書こうとしてきました。

② 現在完了進行形 I've been trying for a long time to write a novel.

長い間小説を書こうとしています。

③ 過去形 I tried for a long time to write a novel.

長い間小説を書こうとしました。

　tryは文章でも日常会話でもよく使われる動詞です。try toは「〜しようと試みる」ことで、あまり実現性のないことをしようとする場合に使われます。

　現在完了形の❶I've tried for a long time to〜は、過去の時点で努力を始めて、現在の時点で終結に向かっていることを表します。また❷の現在完了進行形は、❶と同じように、過去のある時点で小説を書こうとする努力をスタートさせ、今なお頑張っていることを表しますが、これからも続けていくという意志も表しています。

　一方、過去形の❸I tried for a long time to〜は時制から考えれば、過去のある時点で努力したことがわかります。このtryという動詞は、過去形のtriedになると「やろうとしたが、ダメだった」という意味になるため、その文は「長い間小説を書こうとしたがダメだった」ということを表しています。

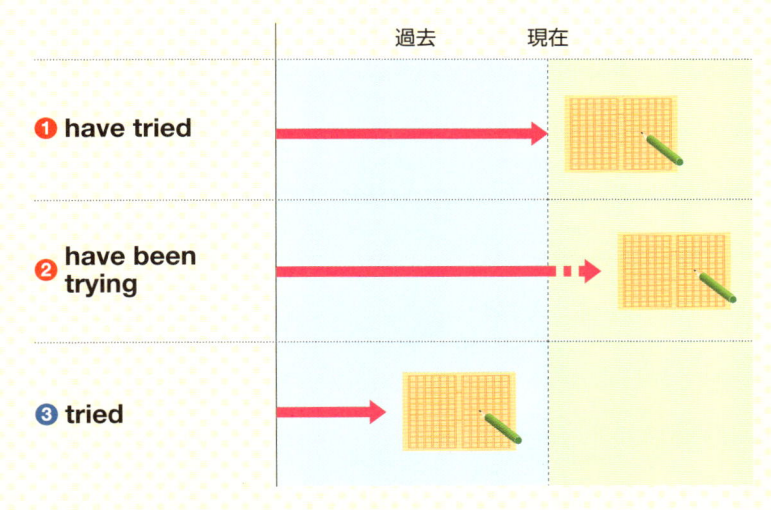

レッスン 10

PART 3　上級の時制

	過去	現在
❶ have tried	→	■
❷ have been trying	→	■
❸ tried	→ ■	

何が言いたいの？

I've read that book.
その本を読みました。

I've been reading that book.
その本をずっと読んでいます。

　上の文の現在完了形は「過去の時点からその本を読み始めてすでにその動作が完了した」こと、下の文の現在完了進行形は「過去の時点から本を読んでいる動作が継続している」ことを表しています。つまり「まだ読んでいる」ということを示します。

レッスン 11

過去完了進行形 & 未来完了進行形

動作の継続はどこまで続く？

過去完了進行形と未来完了進行形の考え方は同じです。動作の継続が未来のある時点までなのか、それとも過去のある時点までなのかが違うだけです。

お兄ちゃんおそーい！

ごめんごめん

We had been playing igo for three hours by the time you got here.
（お兄ちゃんが来るまで私たち3時間も囲碁してたのよ）

ご…ごめん

おまけにチャーリーとマイクに挟まれて頭おかしくなりそうだったんだから

ここの手は忍者的に攻めていくと〜

ここはチーズ的に考えると…

本当にごめん…

時制を理解しよう！

We had been playing igo for three hours before he got here.
過去完了進行形

彼がここに来るまで、私たちは3時間も囲碁をしていました。

過去完了進行形 は、過去よりさらに以前から、過去のある時点まで動作が継続していたことを表します。この文の場合、過去の時点であるbefore he got here「彼が来るまで」に、私たちは3時間も囲碁をし続けていたことを意味します。過去完了進行形 には、必ず過去を表す文や語句が必要になります。

We will have been playing igo for three hours before he gets here.
未来完了進行形

彼がここに来るまで、私たちは3時間も囲碁をし続けていることになるでしょう。

未来完了進行形 は、未来のある時点まで、現在からの動作が継続することを表しています。彼がここに来る未来の時点まで（before he gets here）、私たちは3時間も囲碁をし続けることになるということです。未来完了進行形 には必ず未来を表す文や語句が必要になります。どちらの時点まで3時間か？と考えてみましょう。

理解を深めよう！

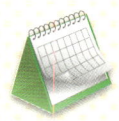

pass/take the test
を別の時制で比べてみよう

① 未来完了形
You'll have already passed the last test by the time I pass the first one.

私が最初のテストに合格するまでに、あなたはすでに最終テストに受かっているでしょう。

② 未来進行形
You'll be taking the last test by the time I pass the first one.

私が最初のテストに合格するまでにあなたは最終テストを受けているでしょう。

③ 未来形
You'll pass the last test by the time I pass the first one.

私が最初のテストに合格するまでにあなたは最終テストに受かるでしょう。

あなたと私が数回連続でテストを受けるということを想像してみてください。「私」が最初のテストに受かるという「未来の時点」までに「あなた」はどうなっているのでしょうか。

未来完了形の❶You'll have already passed〜は「あなたがその時点までにすでに最終テストに合格している」➡「最終テストに受かる」ことが完了していることになります。また❷の未来進行形であれば、「私が最初のテストに受かるまでに、あなたは最終テストを受けている最中でしょう」すなわち、その時点であなたのテストの合否はわかりません。ただわかっているのは「あなたが受験中」であることだけです。

一方、未来形の❸You'll pass〜は、未来完了形の「受かっている／すでに受かっている」という完了とは違い、その時点で「受かる」という事象が発生することを表します。

レッスン 11

PART 3　上級の時制

❷ will be taking　❶ will have already passed　❸ will pass

私が最初のテストに合格する日

Quiz　（　）に入るのはどっち？

Human beings (　) by the time we are ready to live on another planet.

私たちがほかの惑星に住むころには人類は進化しているでしょう。

① will have evolved　② will evolve

ネイティブは日常会話の中では、あまり未来完了形を使いません。しかし、遠い未来については、よく使います。by the time〜「私たちがほかの惑星に住む準備ができるときまでには」、Human beings will have evolved〜「人類は進化しているでしょう」の意味。　[答え]　①

レッスン 12

現在完了形 & 現在完了進行形

状態動詞なら完了形、動作動詞なら完了進行形

時制を考える場合、動詞の性質を無視できません。状態を表す状態動詞、動作を表す動作動詞によって現在完了形か現在完了進行形か決まります。

I've been waiting for you.
（お待ちしておりました）
こちらへどうぞ

遅くなってごめ…

これは一体!?

あの…ご注文は…?

チャーリーはチーズ食べ過ぎマイクは忍者について妄想しすぎてこんなありさまよ…

父さんは元気だけど

帰ります…
すみません…

時制を理解しよう！

I've known him for more than 20 years.

現在完了形

彼とは20年以上の知り合いです。

「彼を20年以上知っている」という日本語から考えれば、この場合の時制は 現在完了進行形 の文としてhave been knowing〜となりそうです。しかし、knowは動詞自体が「知っている」という継続した状態を表す状態動詞なので、進行形にする必要はありません。この場合は 現在完了形 で状態の継続を表します。

I've been waiting for you.

現在完了進行形

お待ちしておりました。

動作動詞が使われる 現在完了進行形 の文I've been waiting for you. はビジネスなどで使われる定番表現です。相手が来ることがわかった過去の時点から「待つ」ことを始め、現在に至っていることを表していますが、「待つ」という動作は未来に繋がらずにここで終わります。現在完了進行形 は、直前に終えたことを表す場合もあります。

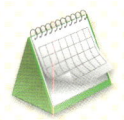

ワンランクアップ 理解を深めよう！

work all day を別の時制で比べてみよう

① 過去完了進行形
They had been working all day before having anything to eat.

彼らは何かを口にするまで1日中働き続けていました。

② 未来完了進行形
They will have been working all day before having anything to eat.

彼らは何かを口にするまで1日中働き続けることになるでしょう。

③ 未来完了形
They will have worked all day before having anything to eat.

彼らは何かを口にするまで1日中働き続けるでしょう。

過去完了進行形の❶はbefore having anything to eat（=before they had anything to eat）「何かを口にするまで」という過去のある時点より以前から、「働く」という動作を継続していたことがわかります。

また、❷と❸は、述べている事実は同じですが、強調する部分が異なるため、違う日本語訳になっているのです。未来完了進行形の❷は、before having anything to eat（= before they have anything to eat）「何かを口にするまで」という未来の時点までずっと働くという、動作の「継続」を強調しています。

一方、未来完了形の❸は、before having anything to eat（=before they have anything to eat）「何かを口にするまで」という未来の時点で、働くという動作が「完了」することを強調します。

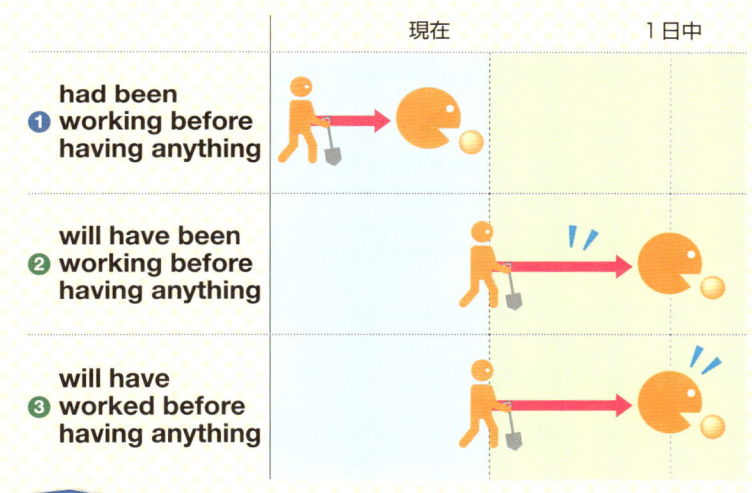

レッスン 12

	現在	1日中
❶ had been working before having anything		
❷ will have been working before having anything		
❸ will have worked before having anything		

Quiz

（　）に入るのはどっち？

I'll have (　) when my son graduates from high school.

息子が高校を卒業するときまで、この会社に18年いることになります。

① 18 years at this company　② been working at this company for 18 years

ネイティブは②の未来完了進行形「息子が高校を卒業するときには、18年間働き続けているだろう」のような文をあまり使いません。むしろ、①のような未来形の文を自然に使って表現することが多いです。

［答え］ ①

PART 3 上級の時制

レッスン 13 — 時制の一致

「時制を一致させる」って どういうこと？

日本語にはない「時制の一致」。主節が現在形の場合は、後ろに来る文（従節）はとくに制約を受けませんが、過去形になるとどうなるでしょうか？

Shota's father said he would leave Japan tomorrow.
（翔太のパパさん、明日日本を発つって言ってたよ）

そうなんだ…
しゅん…

寂しいのか？
さっ寂しくない！
本当は寂しいんだろ
寂しくないってば！

嘘をついてもわかるぞ弟よ…
お前は嘘をつくと目をかっぴらくからな…
あいかわらず怖いな…
嘘じゃないってば！

時制を理解しよう！

Your father said he would leave Japan tomorrow.

過去形
未来形

あなたのお父さんは明日日本を発つと言いました。

　時制を 過去形 に変える前の 現在形 の文は Your father says he'll leave Japan tomorrow.「あなたのお父さんが〜と言う」の意味ですが、主節の動詞saysが 過去形 になると、自動的にwillという助動詞を主節の時制に合わせて 過去形 にする必要があります。これが時制の一致です。主節の動詞の時制に合わせるのがポイントです。

My teacher said the sun rises in the east.

過去形
現在形

先生は、太陽は東から昇ると言いました。

　この文では主節の動詞がsaidという 過去形 であるにもかかわらず、後ろに来る文の動詞がrise(s)という 現在形 であることに注目します。 現在形 は「出身」などの永続的な状況を表すほかにも、普遍的な真理を表す場合に使われます。太陽が東から昇るなど未来永劫変わらない真理には時制の一致は適用しません。

理解を深めよう！

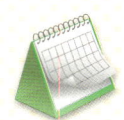

時制の一致
を別の例文で比べてみよう

1 現在形／未来形
He says he's going to eat at that restaurant.
彼はあのレストランで食べることになっていると言いました。

2 現在形／現在完了形
He says he has eaten at that restaurant before.
彼はあのレストランで以前に食べたことがあると言っています。

3 過去形／現在完了形
He said he has eaten at that restaurant before.
彼はあのレストランで以前に食べたことがあると言っていました。

　基本的に主節の動詞が現在形の場合は、従節の動詞は実際の状況に応じてどのような時制もとることができます。❶He says he's going to～では「彼が言っている」という現在形に対して、従節のhe's going to～は未来形ですが、現時点で未来のことを語っているわけですから時制を一致させる必要はありません。

　❷He says he has eaten～では「彼」は現時点で「自分の経験」を話しています。現在完了形は彼の現時点での経験を語っているので、時制はそのままでOKですが、一方、主節の動詞が過去形の場合は、基本的に従節の動詞も過去形に変わります。ところが❸He said he has eaten～では従節は現在完了形のままです。これは、彼が過去に経験の話をしていたとしても、彼がその時点で「経験している」という事実は変わらないために時制を一致させません。

レッスン 13

PART 3 上級の時制

	過去	現在	未来
❶ says he's going to eat		say	eat
❷ says he has eaten	has eaten	say	
❸ said he has eaten	has eaten said		

とっさの一言

I've said a hundred times she's going to succeed.

彼女は成功するだろうと私はずっと言い続けてきました。

彼女はまだ成功していない発展途上。でも私はずっと成功を信じてそのことを言い続けているという構図です。時制の一致はすべての文に起こるわけではありません。主節が現在完了形であっても、従節の未来形が現時点で事実であれば、時制違いもOK。

レッスン 14

大過去 & 過去完了形

過去より前の時点を表す「大過去」

過去のある時点とそれ以前の時点の間の繋がりを表す「過去完了形」と過去より以前の時点を表す「大過去」を比べてみましょう。

あれっやべ！
I realized I had lost my umbrella somewhere.
（傘なくしちゃった！）

社内にあるとは思うんだけど…

まいったなー

忘れ物コーナーの箱借りてきました！

傘ってこれですか？

いや黒くて折り畳みの…

これですか？

持ち主 気になるー!!

これですか？

いやそんなファンシーじゃなくてもっと男らしい…

違う！もっと普通の！何なんだよその無駄に豊富なラインナップは！

時制を理解しよう！

(I realized) I had lost my umbrella somewhere. 大過去

どこかで傘を**なくしてしまった**（ことに**気づきました**）。

　これは従節が 過去完了形 の文です。過去の時点で、私はhad lost my umbrella〜「傘をなくした」ことにrealized〜「気がついた」。つまり傘をなくしたのは、気がついた時点よりも以前なので＜had + 過去分詞＞になっています。この場合、その２つの間に繋がりはありません。このように「時点」を表すのが 大過去 です。

He had been ill for a week when I visited him. 過去完了形

私が彼を**訪ねたとき**、彼は１週間病気で**伏せていました**。

　過去完了形 のこの文には２つの過去の時点があります。when I visited him「私が彼を訪ねたとき」という過去のある時点、そして「彼が病気になった」時点はそれよりもさらに過去の時点です。この２つの時点は個々に独立せず「彼が病気の状態」がその２つの時点の間で継続していたことを表しています。

PART3 上級の時制

理解を深めよう！

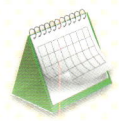

過去完了形と大過去
を別の例文で比べてみよう

① 過去完了形
My husband **had lived** in New York for two years when I **met** him.

私の夫は私が出会ったときには、ニューヨークに2年間住んでいました。

② 大過去
My friend **brought** me the book I **had left** in the classroom.

私の友人が、私が教室に忘れた本を持って来てくれました。

③ 大過去
I **knew** he **had started** his own business.

私は彼が自分の事業を始めたことを知っていました。

＜had＋過去分詞＞の過去完了形には「過去完了」と「大過去」の働きがあります。❶My husband had lived in～は「私が彼に出会った」という過去の時点より以前から「住み始め」、その2つの時点の間で「住む」ことが継続していたことを表しています。これが過去完了です。

一方、❷My friend bought me～は、「私の友人が私に本を持ってきてくれた」過去以前に「私は教室に本を忘れて」おり、その2つの時点には何の繋がりもありません。これが大過去です。

I knew he had～の文でも同様で、「私が知った」より以前に「彼は事業を始めて」おり、これも大過去です。しかし、❸I knew he had just started his own business.は、「彼がちょうどビジネスを始めた」ときに「私は知った」ということを表すので、2文は個々に独立せずに繋がりがあるので、過去完了と考えられます。

レッスン 14

PART 3 上級の時制

① had lived in New York for two years
　　2 years ─── meet

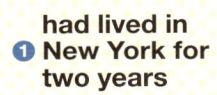

② had left ~ in the classroom
　　had left ─── brought

③ knew he had started his own business
　　had started ─── knew

Quiz

次の（　）内に入るのはどっち？

I happened to meet the client I (　) negotiated with last year.
私は昨年交渉した顧客とたまたま出会いました。

① have　② had

私が顧客と「出会った」のは「過去」の時点です。顧客と私は昨年交渉をしました。出会ったのはそれ以降、先ほどかもしれません。その時系列を考えると「たまたま出会った」過去よりも以前に2人は「交渉した」ことになるので、時制は「大過去」となります。　[答え] ②

ビジネスに登場する時制

ビジネスの世界でこそ、時制は正確に扱いたいものです。話をするとき、メールを書くとき、時制にはきちんと注意を払いましょう。

I need it yesterday.
なるはやでお願い！

現在形のneedと過去形で使うyesterdayとの矛盾がASAP(as soon as possible)「なるはやで」というせっぱ詰まった気持ちを表します。When do you need it?「いつ必要？」と聞かれた場合の定番表現です。

The project has finally gotten off the ground.
プロジェクトはようやく順調にスタートしました。

get off the groundは「(プロジェクトなどが) 順調にスタートする／軌道に乗る」の意味で、現在完了形にすることで、「過去の経緯から現在の時点でようやく～」の意味が含まれます。

We have come a long way.
いろいろ変遷してきました。

過去から始めて「はるばるやって来た」➡「いろいろ変わった／大きな進歩を遂げた」の意味で現在完了形です。文末にover the years「長い年月をかけて」の意味があります。

We managed to break even.
何とか損のないようにやれました。

過去形のtried to～「やってみたけどダメだった」に対しmanaged to～は「何とかやれた」を表します。break evenは「損得がない／収支が合う」という意味。

PART 4
願望を伝える！仮定法

願望を表すことが多い仮定法ですが、仮定の話が、過去の話なのか現在の話なのかで表現方法も変わります。クライマックスに突入する翔太たちの物語からも目が離せません。

レッスン 1

直接法 & 直接法

ifがついたら必ず仮定法…とは限らない？

ifがついたらすべて仮定法の文というわけではありません。話し手が「これは現実的にありうる」と判断したなら、仮定法ではなく直接法を使います。

大丈夫！
If I can do it, you can do it.
（私ができるんだからあなたもできるわ！）

ケイトさん…

くそっ…
ここでやらないと男がすたる…いくぞ！

そりゃあぁあ!!

ちょん…

かわいいもんですね

でしょ！
あっちでワニも触れるわよ

遠慮します

ヘビタッチコーナー

ワニタッチコーナー

仮定法を理解しよう！

If I can do it, you can do it. 直接法

私ができるんだからあなたもできるよ。

If I can do itは「もし私ができたら」という仮定を表しているわけではありません。ここでは「私だってできるんだから」という意味になり、仮定の要素は含まれていません。さらにあとに続く 現在形 のyou can do it「あなたもできるよ」の言葉から、話し手が相手に対してほぼ100％実現の可能性を信じていることがわかります。

If you needed my help, why didn't you say something? 直接法

私の助けが必要なら、どうして言わなかったの？

過去形 のIf you needed my helpは「そのときもし助けが必要だという事実があったのなら」という意味です。実際に相手は過去の時点でも、話し手に助けを求めてはおらず、現実との間に食い違いはありません。そのため、文章上、時制を過去へひとつずつ繰り下げるという仮定法のルールの制約を受けることはありません。

ワンランクアップ 理解を深めよう!

「直接法」って何?

if = 仮定法というわけではありません。ifがついても仮定法でなく「直接法」の場合があります。直接法は、if 以下が「仮定」ではなく「〜なら」という単なる「条件」であり、現実のことや、発話者が現実に起こりうると考えている場合に使います。

● **If we leave now, we can catch the first train.**
今出たら、始発電車に乗れますよ。

「今出たら〜」と発言している人は「今出発する」条件の下に、始発電車に乗ることは十分可能で現実的であると考えています。そのため、この用法は「仮定法」ではなく「直接法」の文になります。現実や事実を伝えるので、時制は、当然現時点から見て現在であれば「現在形」、過去であれば「過去形」、となります。

● can catch the first train

レッスン 1

PART 4 仮定法

使える! ネイティブ表現

▶ **If you have to go, you have to go.**
行かなきゃならないなら、仕方がない。

▶ **If you really want something, you have to go for it.**
本当にほしいものがあるなら、頑張らないといけない。

ポイント If you～「～なら」という条件があって、「やらなければ」という主節があります。go for itは「やり抜く／目標に向かって進む」の意味。

何が言いたいの？

If I'm a professional, you are too.
私が専門家なら、あなただって専門家よ。

「私は専門家なんかじゃないわよ」という発言者の気持ちがあります。If I'm～が特別の条件を示唆しているわけではありません。If I'm a liar, you are too.「私が嘘つきならあなただって嘘つきじゃない」など現実に即した表現がいろいろと作れます。

レッスン 2

仮定法過去 & 現在形

仮定法で願望も表現できる！

直接法が現在（現実）の話をしているのとは異なり、仮定法は現実や事実に反したことを表します。その場合、時制が大きなポイントになります。

♪If I had wings, I could go see you right away.
（♪もしも翼があったなら すぐに君のもとへ行けるのに）

僕らの間に険しい障害 けれど決してくじけない♪

♪WOW WOW 葵
YEAH YEAH 葵
フォーエバー♪

センキュッ！

全国ラブソングコンペティション

不採用です

審査員

仮定法を理解しよう!

If I had wings, I could go see you right away.

仮定法過去

もしも翼があったら、すぐに君のもとへ会いに行けるのになぁ。

　仮定法過去 は事実や現実と反すること、あるいは可能性がほとんどないことを表すときに使います。この場合、「私があなたに会いに行くためには翼が必要」ですが、実際にはそのようなことは起こりえません。現実と反することを表すときに 仮定法過去 を使います。 現在形 から時制を過去へひとつ繰り下げて 過去形 で表します。

I don't have wings, so I can't go see you right away.

現在形

翼がないから、すぐに君のもとへ会いに行けないよ。

　上の文は 仮定法過去 で表された願望を表したものですが、これはその「現実」を表した文です。まずI don't have wings〜という事実を表し、だからI can't go see you 〜という現実の結果を述べているので、 現在形 で表します。このように 現在形 で表す「現実に反する内容」を示すのが 仮定法過去 です。

理解を深めよう！

「仮定法過去」って何？

「仮定法」とは、事実に反する事柄をある「仮定」の下で想像・願望する言い方。「仮定法過去」とは現在の事実に反することを述べる場合に使われますが、たとえば「もし、私が若かったら」は仮定（願望）にすぎず、現実の私は若くはありません。これが「仮定法過去」です。

If you were me, what would you do?

もしあなたが私だったら、あなたは何をするつもりなの？

If you were me～のように時制は「現在」から「過去」へひとつずつ繰り下げます。仮定法過去におけるbe動詞は主語が何であれwere。主節はwould、couldなどの助動詞の過去が使われます。
「あなたは私ではない」という現在の事実を踏まえたうえで「あなたが私だったら」と仮定する文です。if以下の文の時制を過去に繰り下げると同様に、will（現在）もwould（過去）に変えます。

What would you do?

使える！ネイティブ表現

▶ **If I had one wish,
it would be to make you happy.**

ひとつだけ願いがあるとしたら、あなたを幸せにすることです。

▶ **If I had enough money,
I'd buy you the world.**

お金があれば、何だって買ってあげます。

ポイント buy the world「世界を買う」➡「何だって買ってあげる、それくらい愛している」という気持ちはあるけど、実際はかなわない夢です。

Quiz

話し手はどう思っている？

If only he could go with me!

① 残念！ ② うれしい！

If only〜は「ただ〜でさえあればいいのになぁ。でも〜ではない」という、自分の願いとは違った現実の状態を残念に思う表現です。この場合であれば「彼が私と一緒に来てくれればなぁ。でも来られない、残念だな」という意味になります。

[答え] ①

レッスン 2

PART 4 仮定法

レッスン 3

仮定法過去 & **現在形**

It's time～に含まれる思いとは？

It's time～「～する時間ですよ」の発言に、「それなのに～」という意味が加わると事実に反した仮定法過去になります。

テレビを消しなさい！
It's time you started studying.
（もういい加減に勉強する時間よ！）

あと1時間だけ！見逃せない番組があるのよ～

わかったわ

テレビ1分見るごとにお小遣いを100円引いておくわね

さ！番組は録画して宿題しよ！

仮定法を理解しよう！

It's time you started studying.

仮定法過去

もういい加減に勉強する時間ですよ！

イライラの感情を込めて「（もう勉強を始める時間なのに実際は）まだ始めていないじゃないの」という意味で使うのが、＜It's time you+ 過去形 ＞。この場合は、動詞の 過去形 を使った表現、すなわち「事実や現実」に反した 仮定法過去 になります。It's time you went to bed.なら「もうとっくに寝ている時間でしょう」の意味です。

It's time for you to start studying.

現在形

勉強する時間ですよ。

現在形 の「そろそろ（あなたが）勉強を始める時間ですよ」は、いつもの、あるいは約束の時間が近づきつつあることを淡々と告げる文で、仮定法過去 で表されるような現実との違いに対する特別な感情はありません。It's time for you to go to bed.なら「そろそろ寝る時間ですよ」と子どもに告げる表現になります。

理解を深めよう！

ワンランクアップ

📖 「仮定法過去」って何？

現在の事実に反することを想像・願望するのが「仮定法過去」ですが、それとは別に淡々と「述べる」「告げる」こともあります。

🔵 It's time you got serious.
まじめにやりなさい！

＜It's time + you + 過去形＞は「仮定法過去」。この文には「本当ならまじめになっていなければならないのに、あいかわらず…」といういらだちが見えます。

It's high time you stopped smoking. も現在形の文 It's high time ～に you stopped smoking. という過去形の文が続いていることで「タバコをやめる」という動作が実際には行われていない、すなわち「事実」に反していることを表しているので、これも「仮定法過去」になります。「もういい加減にタバコをやめるときなのに…」という意味です。

🔵 It's time you got serious.

使える! ネイティブ表現

▶ **It's time you started taking responsibility for your actions.**

もうそろそろ自分の行動に責任をもたなくては。

▶ **It's high time you stopped telling lies.**

いい加減に嘘をやめなくては。

ポイント　「もう〜しなければならない時はとっくに来ている。それなのにあなたは…」と言いたい場合の表現。high timeにすると、さらに強調できます。

何が言いたいの？

It's time you grew up!
もう大人になってもいいでしょう！

＜It's time you + 過去形＞は、「〜する時間でしょう／してもいい頃でしょう。それなのに…」の意味で、この一文では、「あなたも大人になっていい頃なのに、まったくしょうがないわね！」と相手の成長しない姿にイライラしている気持ちを表しています。

レッスン 4

仮定法過去完了 & 過去形

仮定法過去完了には感情がこもる！

「現実」に反することを表すのが「仮定法過去」、「過去」の事実に反する、すなわち「過去」とは逆のことを表すのが「仮定法過去完了」です。

If we had left earlier, we could have caught the 10:00 train.
（もっと早く出発していたら、10時発の電車に乗れていたのに）

お前が遅刻しなければ…

だって亀を助けてたんですよ〜

そんな浦島太郎みたいなことあるか！

やぁお兄さん さっきは脱走した亀を助けてくれてありがとう！

いいえ〜

まじか!?

仮定法を理解しよう!

If we had left earlier, we could have caught the 10:00 train.

仮定法過去完了

もっと早く出発していたら、10時発の電車に乗れていたのに。

仮定法過去完了 は過去の事実に反することを述べています。ここでは、「もっと早く出発さえしていれば、10時発の電車に乗れたのに、結局乗れなかった」ということ。「もったいないことをした、残念なことをした」という気持ちを表していますが、あまり言いすぎると、「もうすんだことなんだから」と言われる可能性も。

Since we didn't leave earlier, we couldn't catch the 10:00 train.

過去形

もっと早く出なかったから、私たちは10時発の電車に乗れませんでした。

過去に起きた事実をそのまま述べるのが 過去形 の文章です。ここでは、since以下で10時発の電車に乗れなかった理由が語られています。その理由の結果がwe couldn't catch〜になります。 過去形 の文を仮定法にするためには、時制をさらにひとつ過去へと繰り下げなければなりません。すなわち 過去完了形 の文になります。

理解を深めよう!

「仮定法過去完了」って何?

現在の事実に反することを表すのが「仮定法過去」(➡P164) なら、下の文のように過去の事実に反する仮定や願望などを表すのが「仮定法過去完了」です。

● If I hadn't had given up, I would have been wealthy.
諦めていなければ、お金持ちになっていたのになぁ。

「過去の時点で諦めてしまったから、お金持ちにはならなかった」が残念ながら現実です。反対に、If I had given up, I would not have been wealthy. なら「もし諦めていたら、お金持ちになっていなかっただろうなぁ」なら事実は「諦めなかったからお金持ちになれた」ということになります。

過去の事実に反する「仮定法過去完了」は、過去形をひとつ繰り下げて「過去完了形」にします。

● would have been wealthy

レッスン 4

PART 4
仮定法

使える! ネイティブ表現

▶ **If I had tried harder,
I could have succeeded.**

もっと頑張っていたら、成功していたでしょう。

▶ **If I had met you sooner,
my life would be different.**

もっと前にあなたに会っていたら、
私の人生は違ったものになっていたでしょう。

ポイント If I had met you sooner, となっていても、my life would have been〜とならないのは「現在の人生」の話をしているからです。

何が言いたいの？

**You can't change the past,
so just forget about it.**

過去は変えられないんだから、もう忘れなさい。

仮定法過去完了は「過去に〜だったら、今〜だったのに」という現在の状況を残念に思う表現なので、あまり言いすぎると面倒くさいと思われてしまいます。「早く出なかったんだから、しょうがないでしょ。もう忘れなさい」という意味がこもった一言です。

レッスン 5

仮定法現在 & 仮定法現在

特定の動詞が仮定法現在を導く！

仮定法には現在や過去の事実に反する仮定法過去、仮定法過去完了とは別に、現在や未来に対する不確かな「仮定」や「予想」を表す仮定法現在があります。

ここで路上ライブをするぞ！

※ラブソングを広めたい！

でも大変だよ？

無断路上ライブ禁止

It's requested that you get permission from the police.

（警察から許可を取る必要があります）

一般道なら警察、公園なら役所、アーケード街とかなら商工会議所などに許可を取らないと罰則があるからね演奏場所を管理する所にちゃんと連絡を…

い、家の中で奏でることにするよ…

仮定法を理解しよう！

It's **requested** that he get permission from the police. 仮定法現在

彼は警察から許可を取る必要があります。

　これは 仮定法現在 の文です。この文では、主節がIt's requested that〜と現在形で、that 以下の主語が三人称単数であるにもかかわらず、動詞にはsがつかず原形になっています。このような文は政府など公的機関からの依頼のイメージが強いフォーマルな言い回しなので、通常の会話ではほとんど使われることはありません。

He **insisted** that the meeting (should) be canceled. 仮定法現在

彼は打ち合わせを中止するように主張しました。

　仮定法現在 では、insist「主張する」、propose「提案する」といった特定の動詞が用いられます。従節に助動詞shouldが入り、「すべきだ」の含みがありますが、アメリカ英語ではしばしばshouldが省略されます。主節の動詞の時制にかかわらず、that以下の動詞は主語が三人称単数であっても原形（この場合はbe）になります。

理解を深めよう！

「仮定法現在」って何？

　現在・未来についての仮定・想像を表すのが仮定法現在です。特定の動詞が使われ、提案・要求・当然などのニュアンスのある表現が続きます。以下の文であれば、「私たち」は提案しましたが、実際にこの提案が実現したのかどうかは不明です。

● We suggested that the top award go to her.

私たちは、最優秀賞は彼女に贈られるように提案しました。

　この文の特徴は、主節が過去形であろうと、that 以下の文の動詞が「原形」になっていることです。仮に、前のページの例文の It was requested that he get permission from the police. を「彼は警察から許可をとる必要がありました」という過去形にするとします。この場合であっても that 以下の動詞が原形で使われることに変わりはありません。

● the top award go to her

レッスン 5

使える！ネイティブ表現

▶ **It is requested that the contract be ready to sign within a week.**
契約書は1週間以内に用意されたくお願いいたします。

▶ **We urge that action be taken immediately.**
ただちに行動を起こすように求めます。

ポイント いずれもフォーマルな場面で使うことができる仮定法現在の文です。urgeは「強く促す」の意味。

Quiz

次の文の間違いを探しましょう。

We propose that he receives the award.

私たちは彼こそ賞を受けるべきだと提案します。

insist、requestなどと同様に、proposeも仮定法現在を作ります。アメリカ英語ではWe propose that he should accept〜のshouldを省略します。このときのポイントは主節の時制は従節の主語にかかわらず、動詞は原形になるということです。

［答え］ receives → receive

PART 4 仮定法

レッスン 6

仮定法現在 & **現在形**

特定の形容詞が仮定法現在を導く！

仮定法現在には、特定の形容詞と関連した表現があります。natural、necessaryなどがその代表ですが、実際どのように使われるのでしょう。

ケイトさんを怒らせてしまった…

何があったの？

しょんぼり～

僕はただカフェで彼女の好物のケーキを勧めただけなのに…

突然不機嫌に…

It's natural that she's angry.
（彼女が怒るのは当然ね）

あの子あなたと海行くためにダイエットしてるんだから

スイーツでゆうわくしないでっ

!!

仮定法を理解しよう！

It's natural that she should be angry.

仮定法現在

彼女が怒ったとしてもそれは当然のことです。

仮定法現在では形容詞naturalを使った「〜は当然だ」という表現ができます。that 以下のことが当然である、となりますが、この場合のshouldには「実際に彼女が怒っているかは不確かだが、怒ったとしても当然だ」のニュアンスを含みます。アメリカ英語ではshouldを省略し、動詞を原形のまま残します。

It's natural that she's angry.

現在形

彼女が怒るのは当然です。

これは現在形の文で、現在彼女が実際に怒っている状況にあることを表しています。上の例文との違いは、shouldが「もし怒ったとしても」という「仮定」の域を出ていないのに対して、現在形の文では、話し手が、実際に彼女が怒っていることを知っており、その状況を伝えているという点です。

ワンランクアップ 理解を深めよう!

「名詞や形容詞を使った仮定法現在」って何？

　仮定法現在では提案・要求・当然以外にも願望、必要などを表しますが、その場合でも同様に主節が現在であろうと、過去であろうとthat以下の動詞は主語にかかわらず、原形を使うのが約束です。

● **It's our strong desire that this project be carried out right away.**

私たちは、このプロジェクトがただちに実施されることを切望します。

　直訳すれば、「このプロジェクトがただちに実施されることが私たちの切なる願いです」。この場合、that 以下 = our strong desire（名詞）となっていますが、It's necessary that the contract be signed today.「今日契約を締結する必要がある」ならばthat 以下 = necessary（形容詞）で仮定法現在とするときもあります。ただこれはあくまでもフォーマルな形であり、ネイティブはこのような場合はThe contract needs to be signed today. のように言います。

● **be carried out right away**

レッスン 6

使える！ネイティブ表現

▶ **It's unfortunate that you should think that way.**

君がそんなふうに考えるとしたら、それは不幸なことです。

▶ **It's unfortunate that this type of thing always happens.**

このようなことがいつも起きているのは不幸なことです。

ポイント shouldがあれば、「あなたがそんなふうに考える事態は起きていない、でも…」。shouldがなければ、「現在、起きる」という意味です。

Quiz

まだ希望がもてるのはどっち？

① **It's natural that she should be disappointed.**
② **It's natural that she's disappointed.**

自分が彼女に対してとった行動で、彼女が激怒。彼女が失望してしまったのなら、どうしよう。そんなときに友だちから言われた一言。①は「失望したとしても当然」という意味でまだ望みはありそう。②は「失望しているのは当然だ」という意味で、もう手遅れかも。　[答え]　①

PART 4　仮定法

レッスン **7**

仮定法未来 & 仮定法未来

evenやshouldはより強く
気持ちが伝わるマジックワード

if節には、実現の可能性が高いものから、現実にはなかなか起こりえない可能性の低いものまであります。その場合、仮定法未来で表します。

ぎゃーいやー入らないー‼

観念しなさい

If something should happen, I would help you.
（万が一何か起きたとしても僕が助けるよ！）

大丈夫

ジョン…

きゅん…

ジョン…ついに報われてよかったわね！

じゃあ次は私達も入…

ジョンー！

よかったなジョーン！

※ジョンを見守ってきた友人達

くー？

ふぉお

180

仮定法を理解しよう!

Even if you were to win the lottery, she would not love you.

仮定法未来

たとえ宝くじに当たったって、彼女は君を愛しはしないだろうよ。

仮定法未来 if 〜 were to…「たとえ〜であろうと…」は現在や未来において「起こりそうもない」ことを述べる場合に使います。「宝くじに当たる」というのは常識的に考えて「起こりえない」ことです。「たとえそんなことがあったところで、無駄だよ、諦めなさい」という気持ちを強く伝えるための言い回しになります。

If something should happen, I would help you.

仮定法未来

万が一何か起きたとしても、私があなたを助けます。

仮定法未来 if 〜 should…は、「万が一」と訳せば間違いありません。時制を変えてIf something happens, we'll help you. でもOKですが、これだと何かが起きる可能性は排除できません。このような場面ではネイティブは相手を安心させようとする気持ちが強く、無意識にif〜shouldを使うケースが多くなります。

理解を深めよう！

「仮定法未来」って何？

「仮定法未来」とは「仮に〜なら（だとしても）／万が一〜なら」と未来においてきわめて可能性の低い「仮定」を表します。

- **Even if you were the last man on the planet, I wouldn't marry you!**
  たとえあなたがこの惑星の最後の男性であっても、
  絶対、あなたとは結婚しないわ！

例文の＜Even if+主語+were〜＞「絶対にありえないことだけれど、しかし、もし〜であったら」は、「あなたがこの惑星の最後の男性」という常識的に「起こりえない」仮定の意味で「たとえそんなことがあったところで、無駄だよ、諦めなさい」という気持ちを強く伝えるための言い回しです。

一方＜if+主語+should〜＞は「（無理だとは思うけど）万が一」の意味です。If you should have time, could you work on this?「万が一時間があればこの作業をしてくれる？」で、依頼としてはかなり控えめなニュアンスになります。

- **wouldn't marry you**

レッスン 7

PART 4 仮定法

使える! ネイティブ表現

▶ **Even if the sun were to rise in the west, I wouldn't accept his offer.**

たとえ太陽が西から昇ったとしても、
彼の申し出は絶対受け入れないわ!

▶ **I would have to quit my job if I should fail.**

万が一失敗したら、私は職を辞さなければならないでしょう。

ポイント いずれも実現の可能性が非常に低い場合に使われます。「ありえない」と「万が一」、それぞれのニュアンスの違いをおさえておきましょう。

何が言いたいの?

If he should join us tomorrow, let's play tennis.

万が一彼が加わるなら、テニスでもしようよ。

shouldを使う仮定法未来では、彼が私たちの仲間に加わる可能性は極めて低いと考えられます。「まずそんなことはありえないと思うけどさ、万が一そのようになったら、テニスでもしよう」という低いながらも可能性がゼロではない、そんな一言になります。

レッスン 8

仮定法過去完了 & 仮定法過去

ifがなくても仮定法！

仮定法はifを使った表現だけだと思っている人も多いかもしれませんが、実はifを使わずに表現することもできるのです。

Without your support, our team couldn't have finished this project.
（君の助力がなければチームはこのプロジェクトを終えることができなかったよ）

ありがとう山田君！

最近山田さんいい感じよね

もしかしてライバル急増中!?

翔太にモテ期到来!?

どうしたんだ2人とも…？

仮定法を理解しよう!

Without your support, our team couldn't have finished this project.
仮定法過去完了

あなたの助力がなければ、我がチームはこのプロジェクトを終えることができませんでした。

ifの代わりにwithout「～なく／なしに」を使った例文です。withoutには時制がないため、couldn't have finished～から、これは「過去の事実」に反する 仮定法過去完了 であると判断します。ちなみにwithout～をif節に置き換えると過去からひとつ時制を繰り下げて、if it had not been for ～となります（➡P186）。

Without your support, our team couldn't finish this project.
仮定法過去

あなたの助力がなければ、我がチームはこのプロジェクトを終えることはできないでしょう。

上の解説でも述べたようにwithoutには時制がありません。ということは、主節の時制によってwithout内での意味上の時制は変わってきます。この場合であれば「～couldn't…」は現在に反する 仮定法過去 を示し、そこから考えれば「～がなければ」という意味になります。また、withoutもif it were not for～と同じ意味になります。

ワンランクアップ 理解を深めよう!

「if 節のない仮定法」って何？

仮定法をつくるときには if で始める場合がほとんどですが、前置詞 without を使うことで「～がなければ／～がなかったら」という仮定を表すことができます。

● Without this computer, I couldn't do anything.

このパソコンがなければ、私は何もできないでしょう。

この文章の without は if it were not for ～、すなわち現在の事実に反する「仮定法過去」になっています。

また Without this computer, I couldn't have done anything. なら without は if it had not been for ～ 、すなわち「仮定法過去完了」となり「このパソコンがなければ、私は何もできなかったでしょう」という意味になります。

なお、I can't finish this report without you.「あなたがいなければ、この報告書は終えられません」は現在の事実に沿った表現になります。

● couldn't do anything

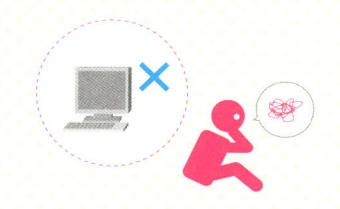

レッスン 8

PART 4 仮定法

使える! ネイティブ表現

▶ **Without you, I would have given up a long time ago.**
あなたがいなかったら、わたしはとっくの昔に諦めていたでしょう。

▶ **Without a college degree, it won't be so easy to find a job.**
大学の学位がなければ、職探しもそこまで簡単ではないでしょう。

ポイント withoutというそれ自体では時制をもたない前置詞を使う場合は、主節でしっかりと時制の区別をつけます。

Quiz

次の( )に入るのはどっち？

Without you, I would be ( ).

① something ② nothing

　Without you, I would be 〜で「もし、君がいなければ、私は〜になってしまう」の意味になります。代名詞somethingは人に使えば「たいした人／すごい人」、nothingは「無価値な人間／つまらない人間」の意味になります。

[答え] ②

レッスン 9

仮定法過去 & 仮定法過去完了

as ifで伝えることは事実と反する

「まるで女王様のようだね」というように事実とは異なることを表す場合には as if を使います。これは仮定法の一種です。

お兄ちゃんジュースちょうだい！

はいはい…

She acts as if she were the queen.
（あいつ女王様みたいにふるまうな…）

まあ誕生日だからね

お兄ちゃん肩揉んで！ステーキ作って！宿題やって！

マッサージのサービスです女王様…！

いてててごめんなさい

仮定法を理解しよう!

She acts as if she were the queen.

仮定法過去

彼女はあたかも女王様のようにふるまいます。

　〜act as if she were the queen「〜はあたかも女王様のようにふるまう」という文はActually, she's not the queen.「実際、彼女は女王様ではないのに」という意味が込められています。as if〜は「実際」と違うことを表すので 仮定法過去 となります。as ifの時制の扱いについては次ページで解説します。

He spoke to me as if nothing had happened.

仮定法過去完了

彼は何事もなかったように私に話しかけました。

　as ifの仮定法の文を考えるとき、主節とas if以下の時間の関係がひとつのポイントになります。He spoke to meは過去の時点のこと。また「何事もなかったように」ということは「何かがあった」という過去の現実に反することを表します。すなわちこれは 仮定法過去完了 となり、過去からひとつ時制を繰り下げます。

理解を深めよう!

「as if による仮定法」って何?

　仮定法as if では、時間関係において、主節と同じ時制であれば、「仮定法過去」、主節より以前のことであるなら「仮定法過去完了」となります。

● He talked as if he knew everything.

彼は何でも知っているように話しました。

　He spoke to me as if nothing had happened. の文では、as if 以下の「何事もなかった(ように)」は主節(「話した」過去形)より以前の話であるために「仮定法過去完了」となっています。

　一方、He talked as if he knew everything. の文では主節が過去形でありながら、as if 以下の文は「現在」に反する事実を述べる「仮定法過去」になっています。これは、「何でも知っている(ように)」が、主節「話した」と同じ時制であるからです。

● as if he knew everything

レッスン 9

PART 4 仮定法

使える! ネイティブ表現

▶ **Try to think as if you were the boss of the company.**

自分が会社の社長であるように、考えるようにしなさい。

▶ **I remembered that as if it were yesterday.**

まるで昨日のことのように、そのことを覚えていました。

ポイント 同じくas if節を伴った文でも、主節の時制と、as if節との時間の関係性を考えましょう。

何が言いたいの？

She talks to me as if she's my mother.
彼女はまるで私のお母さんみたいに話します。

自分の親でもないのに、まるで母親づらして「ああでもない、こうでもない」と言われれば、うっとうしくなります。例文のように「まるで自分の母親のように話をする」と言われたとすれば、それは「彼女はうるさい」ということになります。

レッスン 10

仮定法過去 & 仮定法過去完了

実現しにくい願いを仮定法で伝える！

「〜できたら」と願う動詞の代表格はwishとhopeですが、wishはhopeより実現の可能性がずっと低い内容に使われます。

仮定法を理解しよう！

I **wish** I had enough money to buy it.

仮定法過去

それを買う十分なお金があると**いいなぁ**。

I don't have enough money to buy it.「それを買う十分なお金はない」はお金がない事実を言っており、実際にそれを買いたいのかどうかはわかりませんが、＜I wish＋主語＋過去形＞は「したい気持ちはあるができない」という現実に反する仮定法過去になり、諦めと寂しさのネガティブな気持ちが表れています。

I **wished** I had had enough money to buy it.

仮定法過去完了

それを買う十分なお金があったら**よかったなぁ**とそのとき思いました。

過去形のI wishedのあとに過去完了形の文＜主語＋had had～＞がくるのは「過去」の事実に反する仮定法過去完了になります。I wishedと願ったのは過去であり、それも大昔のイメージがあります。「あの頃あればよかったなぁ」でも「ないから買えなかった」のようにすべてが決着していることを意味しています。

理解を深めよう！

「wishを使った仮定法」って何？

「現在私は彼女ほど美しくはない。彼女のような容姿があればなぁ」は、現在の事実に反する状況に対する「現在の私の願望」を表す＜I wish ＋仮定法過去＞の文になります。

💬 I wish I had her looks.
彼女のように美人だったらいいなぁ。

この文の主節を過去形にするとI wished I had had her looks.「彼女のような容姿があったらなぁとあのとき思った」という過去の事実に反する願望なのでI wished ＋「仮定法過去完了」になります。主節が過去形のI wished「〜であったらよかったと思った」ということなので、「願望した」のはすでに過去のことであり、現在にその思いはあるのかはわかりません。

一方I wish I had her looks. であれば、「過去のあのときに彼女のような容姿があったらなぁ」と今でも思っていることを表しています。

💬 wish I had

194

レッスン 10

使える! ネイティブ表現

▶ **I wish I had met him a long time ago.**
もっと昔に彼と会えていたらなぁ。

▶ **I wish I could go with you.**
ご一緒できたらいいのですが（残念です）。

ポイント I wish I could〜は誘われたりした場合、「本当はそうしたいのですが」を強調する「お断り」の定番表現です。

とっさの一言

I wish I could.

そうしたいのはやまやまですが。

せっかくのお誘いを受けても、断らざるをえない場合もあります。そんなときに便利な一言がこれ。I wish I could.は「そうしたいのはやまやまですが」という残念な気持ちを表せます。I wish I could go with you.「ご一緒したいのですが」のように具体的に言ってもOK。

レッスン 11

仮定法過去 & 仮定法過去完了

仮定法を見分ける
ヒントとは？

仮定法の文を見分けるヒントは if が含まれた文や副詞句などにありますが、そのほかにも主語そのものに仮定の条件を含むものがあります。

友達にアホって言われたの…

何だって!?
A true friend would never say something like that.
（本当の友達ならそんなこと言わないよ！）

どいつだい!?

僕の葵を悲しませやがって…
一度説教してやる!!

あの子…

アホー
アホー

インコ!!

仮定法を理解しよう！

A true friend would never say something like that. 仮定法過去

本当の友達ならそんなことは言わないよ。

　ifのないこの文の場合、仮定法かどうかを見分けるポイントはwouldになります。一見すると仮定法以外の文ですが、助動詞の 過去形 （wouldやcould）があれば、まずは、仮定法と考えて訳してみましょう。この場合であればa true friendという主語の中に「もし真の友人であれば」という「仮定」が表されています。

A true friend would have never said something like that. 仮定法過去完了

本当の友達ならそんなことは言わなかったはずだよ。

　この発言には、すでにその人は「そんなこと」を言ってしまったという事実があります。助動詞の過去形wouldのあとにhave +過去分詞があることで、過去の事実に反する 仮定法過去完了 であることがわかります。if +主語+had been a true friend「真の友人であったら」という条件が、a true friend の中に込められています。

ワンランクアップ 理解を深めよう!

「主語に仮定の条件を含む仮定法」って何?

if～を使わない仮定法には、主語自体に仮定の意味を含むものがあります。

🔵 A little effort would make a big difference.

ちょっとした努力でずいぶん違ってきますよ。

a little effortという主語の中に「もしあなたが少しの努力をするなら…」という仮定／条件が含まれています。If you made a little effort, you would make a big difference. のwouldは「～することになるだろう／～するものだ」という意味をもつ助動詞となります。この場合、withoutなどと同様、この主語に時制はなく、そのあとにくる助動詞が時制を決定します。

助動詞wouldとcould に大きな違いはありませんがcouldにすると「～できるだろう」とcanを強調した文になります。

Your help could have completed this project.なら「君の助けがあったら、このプロジェクトは完遂できたのに」という「仮定法過去完了」になります。

🔵 would make a big difference

レッスン 11

PART 4 仮定法

使える! ネイティブ表現

▶ **An honest person would never do anything like that.**

正直な人はそのようなことは決してしません。

▶ **To hear him talk, you would think he was a genius.**

もし彼の講演を聞けば、あなたも彼が天才だと思うでしょう。

ポイント to hear him~のように知覚動詞を使った不定詞に仮定の条件を含む場合もあります。後ろのwouldで仮定法だとわかります。

Quiz

彼は投資したの？　しなかったの？

A smart person would not have invested such a large amount of money.

① 投資した　② 投資しなかった

主語a smart personには「賢い人であれば」という仮定の条件が含まれています。would not have invested~は過去の事実とは反対に「投資してしまった」ことを表しています。すなわち、彼はa smart personではなかったわけです。

［答え］　①

レッスン 12

仮定法過去 & 仮定法過去完了

仮定法で表す慣用表現をおさえよう！

仮定法の文には、日常会話に慣用表現として登場する言い回しがあります。仮定法ということではなく、気軽に使える表現として覚えておきましょう。

父さん母さん…

僕ら結婚しま

I could eat a horse.
（おなかペコペコ！）
何かない？

ばーーん

緊張感ぶち壊し！

ははは
やっぱりうちに
シリアスは似合わないな
ま、仲良くやりなさい

何かあったの〜？

仮定法を理解しよう！

I could eat a horse.

仮定法過去

おなかがペコペコです。

「私は馬１頭食べられました」はcouldがもつ仮定法の意味を無視した 過去形 の直訳ですが、この場合のcouldは「私は馬も１頭食べられるくらいに空腹だ」という 仮定法過去 になり、I'm so hungry that I could eat a horse. のことです。過去の超・空腹を表すならI could have eaten a horse.「馬１頭くらいなら食べられちゃったわ」。

I could have done it.

仮定法過去完了

私ならできたのに。

「私ならできたのに」という言葉の裏には「残念ながらその機会がなくやってみることもなかった」という現実があります。このように過去の事実に反するのが 仮定法過去完了 になります。時制をひとつ繰り上げてI could do it.「私ならできるのに」と言えば、「現在の時点でやってみる機会がない、でもやればできる」という意味に。

理解を深めよう！

「仮定法の慣用表現」って何？

should「すべき／したほうがよい」は、＜should+have+過去分詞＞あるいは、＜shouldn't have+過去分詞＞にすると仮定法になります。慣用表現として使うのが、下記のような文です。

🔵 Oh, you shouldn't have.
まあ、ご丁寧に、ありがとうございます。

プレゼントをもらったときなどの「まあご丁寧に／お気遣いいただきまして」を意味する定番表現ですが、You shouldn't have done that.「あなたはそんなことをするべきではなかった」の短縮形です。

たとえば、You shouldn't say that. であれば「あなたはそんなことを言うべきではない／言わないほうがよい」ですが、このように気遣いに対するお礼を述べるときは逆に、人に注意したり叱責する意味で「そんなことをするべきではなかった」のようにも使います。

You shouldn't have said that. なら「あなたはそんなことを言うべきではなかった（でも実際は言ってしまった）」という「仮定法過去完了」の意味になります。

🔵 **shouldn't have**

レッスン 12

使える! ネイティブ表現

▶ **It could happen to anyone.**
不幸は誰にでも起こりうるものよ（気にしないでね）。

▶ **We could and we should.**
やろうと思えばできるし、またやらなくちゃ。

ポイント We could ～は「もしやろうとするならばできる」の意味。自分や相手を鼓舞する場合に使えます。

PART 4 仮定法

とっさの一言

I would say ～ .

～と思うんだけど。

I would say ～は will を過去にすることで、「確信の度合い」を意図的に低める表現で、「私なら、～と思うんだけど～／おそらく～でしょうね」という少し曖昧な表現になります。I would say he's not right. であれば「彼は正しくないと思うんだけど」の意味。

名言で知る仮定法

名言には仮定法を使ったものがよくあります。「仮定」や「条件」を踏まえたうえで現在、また将来の生き方を問いかけます。

If you think you can, or you think you can't, you're right!

できると思ったらできるし、できないと思ったらできないということだ!

ヘンリー・フォード(アメリカの自動車王)

つまりは「何事においても可能か不可能かはあなたの考え方ひとつである」という意味。「成せばなる、成さねばならぬ何事も」と同意です。

Live as if you were to die tomorrow.
Learn as if you were to live forever.

明日死ぬがごとく生きよ。永遠に生きるがごとく学べ。

マハトマ・ガンジー(インドの政治指導者・宗教家)

「実際に明日死ぬことも永遠に生き続けることもない」が、それを念頭に生き、学べ。were to ~ は「~することになっている/予定になっている」の意味。

If we had no Winter, the spring would not be so pleasant; If we did not sometimes taste the adversity, prosperity would not be so welcome.

もし冬がなかったら、春の訪れはそれほどうれしくないだろう。
もし私たちが時として逆境を経験しなければ、成功もそれほどうれしくないだろう。

アン・ブラッドストリート(アメリカの女性詩人)

大文字のWinterで「冬」という存在を強調しています。「誰でも時としてつらいことがあり、逆境があってこそよろこびは深まる」という意味になります。

Your life would be very empty if you had nothing to regret.

何も後悔することがなければ、人生はとても空疎なものとなるだろう。

フィンセント・ファン・ゴッホ(オランダ・ポスト印象派の画家)

if you had nothing~「~がないとしたら」は、現実とは違います。実際は「後悔することばかり。だからこそ、人生はよいものなのだ」という意味になります。

動詞・助動詞から引ける索引

＊索引中赤字の文は、各章の中の時制比較文例です。

A

ARRIVE
~has arrived
　～が到着した(現在完了形) ‥‥‥‥‥‥‥ 119
~be arriving
　～が到着する(現在進行形) ‥‥‥‥‥‥ 119

B

BAKE
bake bread
　パンを焼く(現在完了進行形／現在進行形／現在完了形)
　‥‥‥‥‥‥‥‥‥‥‥‥‥‥‥‥‥‥‥‥‥ 128

BARK
bark
　いつも吠える(現在形) ‥‥‥‥‥‥‥‥‥ 21
be barking
　吠えている(現在進行形) ‥‥‥‥‥‥‥‥ 21

BE
~be nice
　～は親切だ(現在形) ‥‥‥‥‥‥‥‥‥‥ 45
~be being nice
　～は～に限って親切だ(現在進行形) ‥‥‥ 45
be friendly
　フレンドリーだ(現在形／現在進行形／過去形) ‥ 46
have been to~
　～に行ったことがある(現在完了形) ‥‥‥ 123
be (go) to Canada
　カナダに行く(現在完了形／現在形) ‥‥‥ 124
had been~when~
　～のとき～だった(過去完了形) ‥‥‥‥‥ 151
If you were me
　あなたが私だったら(仮定法過去) ‥‥‥‥ 162
It's time~
　もういいかげんに～するときだ(仮定法過去) ‥ 165,166
It's time~to start
　～する時間だ(現在形) ‥‥‥‥‥‥‥‥‥ 165
It's natural that~should be~
　～が～したとしても当然だ(仮定法現在) ‥‥ 177
It's natural that~be
　～が～するのは当然だ(現在形) ‥‥‥‥‥ 177
It's our strong desire
　我々は強く切望する(仮定法現在) ‥‥‥‥ 178
Even if~were to~
　例え～が～であろうと(仮定法未来) ‥‥ 181,182
as if ~were~
　あたかも～のように(仮定法過去) ‥‥‥‥ 189

C

CAN
can do
　できる(現在形) ‥‥‥‥‥‥‥‥‥‥‥‥ 35
could do
　～だったらできる(仮定法過去) ‥‥‥‥‥ 35
If~can do it~
　～ができるんだから～(直接法) ‥‥‥‥‥ 157
Without~,~couldn't have~
　～がなければ、～できなかった(仮定法過去完了) ‥ 185
Without~,~couldn't~
　～がなければ、～できないでしょう(仮定法過去) ‥ 185,186

~could eat a horse
　～はお腹がペコペコだ(仮定法過去) ‥‥‥‥ 201
~could have done it
　～ならできたのに(仮定法過去完了) ‥‥‥‥ 201

COME
came from~
　～から来た(過去形) ‥‥‥‥‥‥‥‥‥‥ 19
come from~
　～出身だ(現在形) ‥‥‥‥‥‥‥‥‥‥‥ 19

D

DO
~did
　～がやったんでしょう(過去形) ‥‥‥‥‥ 27
~do
　～がやってね(現在形) ‥‥‥‥‥‥‥‥‥ 27
~will do
　～がやりましょうか(未来形) ‥‥‥‥‥‥ 31
~will be doing
　～がやることになっている(未来進行形) ‥‥ 31
(I) did (it)!
　やった！(過去形) ‥‥‥‥‥‥‥‥‥‥‥‥ 37
(I) have done (it).
　やっちゃった(現在完了形) ‥‥‥‥‥‥‥ 37
be doing~
　最近～をやっている(現在進行形) ‥‥‥‥ 49
be doing~(now)
　(今)～をやっている(現在進行形) ‥‥‥‥ 49

E

EAT
(not)eat meat
　肉を食べ(ない)(現在形／現在進行形／現在完了形) ‥ 42

F

FINISH
have not finished~
　まだ～が終わってない(現在完了形) ‥‥‥‥ 115
have just finished~
　ちょうど～が終わった(現在完了形) ‥‥‥‥ 115
will have finished~by the time~
　～の前に～を終えておく(未来完了形) ‥‥‥ 135
will be finishing~
　～に取りかかっているだろう(未来進行形) ‥‥ 135

FORGET
forget~
　～を忘れてしまった(現在形) ‥‥‥‥‥‥ 57
have forgotten~
　～をすっかり忘れてしまった(現在完了形) ‥‥ 57

G

GET
get bored
　退屈する(過去形／現在完了形／現在形) ‥‥‥ 58
will get promoted to~
　～に昇進するだろう(未来形) ‥‥‥‥‥‥ 85
be getting promoted to~
　～に昇進しますよ(現在進行形) ‥‥‥‥‥ 85
get married
　結婚する(未来形／現在進行形) ‥‥‥‥‥‥ 86

GIVE
If I hadn't had given up
もし諦めていなければ(仮定法過去完了) 170

GO
will go to〜
〜に伺う(未来形) 73
be going to go to
〜に立ち寄る(未来形) 73
go to New York
ニューヨークに行く(未来形／現在進行形) 74
was going to go on〜
〜を始めるつもりだった(過去未来形) 103
was thinking about going on〜
〜を始めることを考えていた(過去進行形) ... 103
has gone to〜
〜に行ってしまった(現在完了形) 123

HAPPEN
If〜should happen
万一〜が起きたら(仮定法未来) 181
as if nothing had happened
何事もなかったかのように(仮定法過去完了) ... 189

HAVE
have〜
〜を持っている(現在形) 33
have had〜
もううんざり／もう限界(現在完了形) 33
have a baby
赤ちゃんがいる(現在形) 53
be having a baby
陣痛が始まった(現在進行形) 53
have lunch
昼食を食べる(現在形／現在進行形) 54
have a good time
楽しむ(過去形／現在進行形／未来形) 78
If〜had wings
もしも〜に翼があったら(仮定法過去) 161
〜don't have wings
〜には翼がないから(仮定法過去) 161
You shouldn't have.
ご丁寧にありがとう(仮定法) 202

INSIST
〜insisted〜
〜を主張した(仮定法現在) 173

JOG
jog on the weekend(s)
週末にジョギングする(現在形／過去形／未来形) .. 70

KEEP
keep my grandmother's ring
祖母の指輪を取っておく
(過去形／現在完了形／現在進行形) 62

KNOW
have known〜for more than〜
〜とは〜以上の知り合いだ(現在完了形) 143
I knew〜
私は〜を知っていた(大過去) 152

K
as if he knew everything
彼は何でも知っているように(仮定法) 190

LIE
lie around
ゴロゴロする(未来形／現在形) 32

LIVE
live in〜
〜に住んでいる(現在形) 41
be living in〜
(現在)〜に住んでいる(現在進行形) 41
have lived in〜before
〜に住んだことがある(現在完了形) 111
have lived in〜since〜
〜から〜に住んでいる(現在完了形) 111
had lived 〜
〜に住んでいた(過去完了形) 152

LEAVE
Will you be leaving〜?
出発しますか？(未来進行形) 93
Will you leave〜?
出発していただけますか？(未来形) 93
If〜had left earlier
〜がもっと早く出発していたら(仮定法過去完了) .. 169
Since〜didn't leave earlier
〜がもっと早く出なかったから(過去形) 169
leave my kids
子供を置いてくる(過去未来系／過去進行形／過去形)
.... 100
leave Hakata
博多を離れる(現在完了形／過去形) 108
〜had left
〜が忘れた(大過去) 152
If we leave now
今我々が出たら(直説法) 158

LOST
lost〜
〜を失くしてしまった(過去形) 61
have lost〜
〜を失くしてしまった(現在完了形) 61

MAKE
will make reservations for〜
さっそく〜を予約しよう(未来形) 81
be going to make reservations for〜
〜を予約しておく(未来形) 81
would make a big difference
ずいぶん違ってくる(仮定法) 198

MISS
miss〜
〜が恋しい(現在形) 23
missed〜
〜を見失った(過去形) 23

NEED
need more water
もっと水が必要だ(現在形／過去形／未来形) .. 66
If〜needed my help
〜が私の助けが必要なら(直説法) 157

PASS
pass／take the test
テストに合格する／を受ける
（未来完了形／未来進行形／未来形）········ 140

PLAY
Have~been playing~?
~はずっと~をしているの？（現在完了進行形）·· 127
Are~playing~?
~は~をしているの？（現在進行形）········· 127
had been playing~
~をしていた（過去完了進行形）············ 139
will have been playing~for~
~まで~をし続けているだろう（未来完了進行形）
··· 139

RAIN
rain tomorrow
明日雨が降る（未来形／未来進行形）·········· 94

REALIZE
realized~had lost~
~が~を失くしてしまったことに気づいた（大過去）
··· 151

REQUEST
It's requested~
~する必要がある（仮定法現在）············ 173

SAY
say so
そう言っている（現在形）··················· 25
said so
そう言った（過去形）······················· 25
said
言った（時制の一致）····················· 147
said ~rises in~
~は~から昇ると言った（時制の一致）········ 147
say~eat at~
~で食べると言う（時制の一致）············ 148
~would never say
~なら~は言わないよ（仮定法過去）········· 197
~would have never said
~なら~は言わなかったはずだよ（仮定法過去完了）
··· 197

SEE
had seen~
~を見た（過去完了形）····················· 99
saw~ago
~を見た（過去形）························· 99

SOLVE
solve this problem
この問題を解決する（現在完了形／過去形）··· 112

START
start this project
このプロジェクトをスタートさせる（現在完了形）·· 116
the movie starts
映画が始まる（現在完了形／現在進行形／未来形）
··· 120

SUGGEST
suggested that~
~を提案する（仮定法現在）················ 174

THINK
~think
考えている（現在形）······················· 29
~thought
やっぱりね（過去形）······················· 29
was thinking about~
~を考えていた（過去進行形）··········· 89,103
thought about~
~を考えた（過去形）······················· 89
think about
考える（現在完了形／過去進行形／未来形）······· 90

TRY
try for a long time
長い間~しようと試みる
（現在完了形／現在完了進行形／過去形）····· 136

USE
use this computer
このパソコンを使う（未来完了形／未来形）··· 104

WAIT
(I) have been waiting for (you).
お待ちしておりました（現在完了進行形）······ 143

WANT
wanted~
~が欲しかった（過去形）··················· 65
have wanted~
~がずっと欲しかった（現在完了形）·········· 65

WISH
I wish I~
~だったらいいな（仮定法過去）············ 193
I wish I had~
~だったらよかったな（仮定法過去）······ 193,194

WORK
be going to work on~
今度の~は仕事だ（未来形）················· 69
work on~
毎週~は仕事だ（現在形）··················· 69
be working
働いている（現在進行形）··················· 77
worked
働いた（過去形）··························· 77
will have worked
働いたことになる（未来完了形）············ 107
will work
働くことになっている（未来形）············ 107
have worked in~
~で働いてきた（現在完了形）·············· 131
have been working in~
~で働いてきた（現在完了進行形）·········· 131
work as an English teacher
英語の教師として働く
（現在完了形／現在完了進行形／過去形）····· 132
work all day
一日中働く
（過去完了進行形／未来完了進行形／未来形）·· 144

WRITE
be writing poems
詩を書く（現在進行形／過去進行形）·········· 50

207

- ●著者紹介

デイビッド・セイン

[David Thayne]
アメリカ出身。累計400万部の著作を刊行してきた英語本のベストセラー著者。翻訳、英語書籍・教材制作などを行うクリエーター集団「エートゥーゼット」(http://www.smartenglish.co.jp) の代表を務めるとともにビジネス英語の講師としても活躍。エートゥーゼット英語学校(東京都根津)の校長を務めるとともに英語教育メソッド「デイビッド・セイン英語ジム」(http://www.david-thayne.com) の監修も行っている。

- ●イラストレーター紹介

高山わたる

[たかやま わたる]
9月1日生まれのA型。広告イラストや学習書マンガを中心に活動中。
好きな生き物は、犬とちんあなごとメンダコ。
おもな著書に『笑って韓国語マスター ぷに韓』(中経出版) がある。

- ●執筆協力────窪嶋優子（有限会社エートゥーゼット）
- ●デザイン────株式会社 ELENA Lab.
- ●DTP────安田陽子（株式会社スタジオダンク）
- ●編集協力────上原千穂、藤井諒（株式会社フィグインク） 穂積直樹

ネイティブはこう使う！
マンガでわかる時制・仮定法

2015年10月15日発行　第1版
2016年 8月25日発行　第1版　第3刷

- ●著　者────デイビッド・セイン
- ●発行者────若松　和紀
- ●発行所────株式会社西東社

〒113-0034 東京都文京区湯島 2-3-13
営業部：TEL（03）5800-3120　　FAX（03）5800-3128
編集部：TEL（03）5800-3121　　FAX（03）5800-3125
URL：http://www.seitosha.co.jp/

本書の内容の一部あるいは全部を無断でコピー、データファイル化することは、法律で認められた場合をのぞき、著作者及び出版社の権利を侵害することになります。
第三者による電子データ化、電子書籍化はいかなる場合も認められておりません。
落丁・乱丁本は、小社「営業部」宛にご送付ください。送料小社負担にて、お取替えいたします。
ISBN978-4-7916-2337-2